번역가가 되고 싶어

번역가가 Translate English 되고 싶어

이윤정 지음

읽고 옮기며
나아가고 있습니다

동글디자인

차례

리커버 에디션을 펴내며   007

1장   자랑하지 못하는 나의 '은밀한' 데뷔작   013
도서 번역가를 모집한다고?   018
얇은 책 한 권의 무게   022

2장   영어 잘한다고 왜 말을 못 해?   029
세계 무역 센터가 무너지다니   034
Dzień Dobry!   038
영어 실력은 대체 언제 느나요?   041

3장   척척박사는 못 되더라도 석사는 되고 싶은데   047
0개 국어 구사자   052
입시 터널을 통과해 보니   058
📁 첨부 파일: 번역대학원 기출문제   065

4장   샘플 번역에서 배운 것   071
토씨 하나라도 고치는 기술   076
책과 나의 시절 인연   079
📁 첨부 파일: 나의 샘플 번역   083

5장   책으로 나올 때까진 끝난 게 아니다   091
번역을 전문으로 하는 기술자   096
색과 질감이 다른 토양으로   105

6장 번역은 살아 보는 거야 　　　　　　　　　　　　　109
　　　하지만 작가를 믿지 마세요　　　　　　　　　　　115
　　　AI를 (너무) 믿지는 마세요　　　　　　　　　　　118
　　　▶ 2025년에 덧붙이는 글 - 1　　　　　　　　　　122
　　　Use Your Mind　　　　　　　　　　　　　　　131

7장 두 아이와 함께 동화책 번역합니다　　　　　　　　137
　　　우리 아이들은 까다로운 편집자　　　　　　　　141
　　　▶ 2025년에 덧붙이는 글 - 2　　　　　　　　　　146
　　　아이는 입학하고, 엄마는 자퇴하고　　　　　　149

8장 돈 생각은 아예 잊어라　　　　　　　　　　　　153
　　　그래서 연봉이 얼만데?　　　　　　　　　　　　159
　　　Penny Paying Job　　　　　　　　　　　　　162
　　　번역료 연구에서의 비상식적 결론　　　　　　　165
　　　📁 첨부 파일: 외서 출판 기획서　　　　　　　　169

9장 번역가 되길 참 잘했어요　　　　　　　　　　　179
　　　내 사전에 승진이란 없어도 됨　　　　　　　　183
　　　자기만의 책상　　　　　　　　　　　　　　　185
　　　No Man Is An Island　　　　　　　　　　　　188

10장 질문과 답변　　　　　　　　　　　　　　　　195
　　　나가며　　　　　　　　　　　　　　　　　　　207

리커버 에디션을 펴내며

초판 서문에서 '역자 후기도 한 번 안 써 봤는데 어쩌다 보니 역자 입문 후기를 주제로 글을 쓴다'며 혼자 민망해하던 나는 그동안 유의미한 역서 여러 권을 더 출간하고 역자 후기를 다섯 편 써 본 번역가로 성장했다(번역가에겐 승진 같은 개념이 없으니 '성장했다'라는 것도 나 혼자만의 판단일지 모른다). 당시 에세이를 펴내며, 인쇄된 책이 창고에서 썩다가 버려지는 일만은 제발 없기를 바랐는데, 다행히 중쇄를 찍는 덕에 이렇게 기존 글을 보완하고 새 글을 덧붙이게 되었다. 이 기회를 기뻐하고 자랑해야 마땅한 나는 지금도 여전히 조금 민망하다.

나는 이 책을 통해 오랜 꿈이던 출판 번역가가 된 과정을 정리하고 싶었고 정리한 것을 공개해 같은 꿈을 품고 막연해하는 누군가에게 도움을 주고 싶었다. 책이 출간된 이후 지나온 시간을 돌아보면 나와 남을 위한 목표를 모두 이룬 것도 같다. 특별하지 않은 내가 어쩌다 번역도 하고 책도 쓰게 된 이야기를 읽어 준 이들이 재밌었다, 용기를 얻었다, 라는 메시지를 많이 보내 왔다. 꿈을 되찾고,

손에서 놓았던 공부를 다시금 시작한다고, 대학원 시험을 준비한다고, 죽기 전에는(?) 반드시 번역가가 되겠다고, 독자 후기나 디엠을 통해 소감과 다짐을 들려주기도 했다. 나의 앞길을 응원해 주신 분도 많았다. 그동안의 여정을 책으로 남긴 것만으로도 의미 있다고 느끼던 내게 그것은 예상치 못한 크나큰 선물이었고, 이따금 일이 뜻대로 풀리지 않고 공들여 옮긴 책이 잘 팔리지 않아(엉엉) 힘들 때마다 손을 잡아 주고 때론 일으켜 세워 끌어 주는 든든한 힘이 되었다.

이 책은 실용서이자 에세이다. 초등학교 시절 영어를 처음 접하고, 20대 초반 번역가라는 직업에 관심이 생겨 뭐든 직접 부딪쳐 본 경험을 바탕으로 정보를 제공하는 실용서이면서, 출판 번역가가 되려면 뭘 어떻게 해야 하는지 누구 하나 속 시원히 말해 주는 이가 없던 시절, 번역 학원에 다니고 번역 아르바이트나 계약직 등 내 선에서 할 수 있는 건 다 해 보며 번역가의 세계를 아주 조금씩 맛보았던, 그렇게 데뷔를 하고 책상 앞에서 읽고 옮기며 살고 있는 나의 일기 같은 에세이다. 불과 몇 년 전 뿌연 안개를 마주하고 막막해하던 나 자신에게 들려준다는 마음으로 3년 차일 때의 경험과 고민을 아주 진솔하게 썼기에, 시간이 흘렀다고 해서 덜어내고픈 내용은 없다. 그러나 4년의 경력이 더해진 지금 덧붙여야만 하는 말이 조금 생겼고 몇 군데 수정하고픈 부분도 생겼다. 리커버 에디션을 낼 기회가 그래서 무척 다행스럽고 의미 있다.

우선 나는 '읽고 옮기며 자리잡고 있습니다'였던 부제부터 바꾸었다. 3년 차이던 내가 얼른 '자리잡기'를 목표로 삼았었다면, 지금 나는 출판 번역가로서 멈추지 않고 어디로든 '나아가길' 원한다. 번역가로 '자리잡는다' 내지 '성공한다'는 개념은 없다는 쪽으로 마음이 기운 탓이다. 그렇게 만든 가장 강력한 요인은 당연히 인공지능의 급격한 발전이다. 이와 관련해 6장에 새 글을 추가했고, 그간 많은 질문을 받았던 기획 및 인세와 관련해서도 7장에 간략하게 덧붙였다. 아이러니하게도 '8장. 돈 생각은 아예 잊어라'와 '9장. 번역가 되길 참 잘했어요'에는 수정할 내용도 보완할 내용도 없다. '돈 생각은 잊더라도 번역가 되길 참 잘했다'라는 생각에는 전혀 변함이 없으니까. 시간이 꽤 흘렀지만, 다시금 세상에 글을 내놓는 마음가짐도 그대로다. 이 책은 나를 위한 것이자 동시에 다른 누군가를 위한 것이다. 누가 뭐래도 출판 번역가는 내게 거창한 꿈이었고 장래희망이었으며 평생의 희망사항이었다. 내가 자신 있게 전할 수 있는 건 개인적인 사례와 의견, 그에 더해 직접 보고 들은 내용뿐이다. 그러나 누군가 궁금해하던 내용을 알아가고 중요한 사실을 조금이라도 얻어간다면, 내 이야기가 쓸데없진 않을 것이다(번역가란 직업이 사라진다면 언젠가 근현대사 사료로 쓸모가 있을지도 모른다). 그동안 결심을 붙들어 매어 주고 태도를 다듬고 방향을 제시해 준 선배 번역가들의 조언을 곁들인 어느 번역가의 이야기가, 번역에 관심은 있는데 안갯속 한가운데서 우왕좌왕하는 누군가에게 조그마한 손전등 같은 존재가 될 수 있다면 더 바랄 게 없다.

그리고 이 책을 처음부터 끝까지 읽은 독자라면 내가 자주 민망해하는 이유와 부제를 바꿀 수밖에 없었던 이유 모두에 고개를 끄덕이며 수긍하리라 예상한다. 누군가는 내면에서 샘솟는 열정을 감지할 것이고 또 누군가는 그저 자기 자신의 등을 토닥이고 싶을지도 모른다. 나처럼 오래도록 좋아하는 일을 하며 살고픈 이들에게, 내가 정말 좋아하고 무척이나 힘을 얻게 되는 문장을 편지처럼 남기며 마친다. 나처럼 당신도, 이 문장 속에서 앞으로 나아가는 자신의 선명한 뒷모습을 발견하기를.

"멋있는 건 그런 것이다. 잘해나가는 것이 아니라 나아가는 것. 진창에 빠져도, 뒷모습이 엉망이 되어도, 신발이 진흙과 오물로 뒤범벅돼도 그래도 앞으로 앞으로 나아가는 것. 혹자들이 볼 땐 발악하는 것처럼 보여도, 안 되는 일을 못하는 일을 발버둥 치며 애쓰는 것처럼 보여도. 어쨌든 계속 하는 것."

- 정용준, 《밑줄과 생각》(작가정신, 2025) 중

1장 자랑하지 못하는 나의 '은밀한' 데뷔작

아마 새로운 세대들은

아마추어적 정열을 바탕으로

프로페셔널 번역가가 되겠죠?

- 번역가 정영목, 《완전한 번역에서 완전한 언어로》(문학동네, 2018) 중

나를 출판 번역가로 데뷔시킨 책은 유엑스리뷰 출판사가 《스타트업 브랜딩의 기술》이라는 제목으로 출간한 《Brand the Change》다. 샘플 번역에 수차례 도전한 끝에 처음 맡은 책인데, 첫 작업치고는 독자들의 평가도 상당히 좋았고 관련 분야의 독자들에게 꾸준히 읽혀서 무척 뿌듯하게 생각하는 데뷔작이다. (샘플 번역 도전기에 관해서는 4장에서 자세히 다룰 것이다.)

그런데 사실 내게는, 애써 숨기려 했던 비공식 데뷔작이 따로 있다. 때는 2015년 1월, 이제 막 생후 8개월이 지나 공갈 젖꼭지를 물고 잠든 아기를 잠시 눕혀 둔 나는 아이가 금방 깨지 않길 간절히 바라며 조심조심 구직 웹 사이트를 검색하곤 했다. 사람인이나 알바몬과 같은 사이트에 들어가서 검색한 키워드는 언제나 '번역 재택', '영어 번역', '번역 프리랜서' 등이었다.

출산 전 3년 가까이 다니던 회사에서 스마트폰 영문 설명서를 개발했던 나는 당시 1년의 육아 휴직을 만끽하는 중이었다. 영어를 좋아해 날마다 영어를 읽고 쓰는 일을 하고 싶어 들어간 회사였다. 그러나 기계에 영 관심이 없었을뿐더러 나부터도 스마트폰을 사면 설명서를 보지 않고 직접 이리저리 만져 보며 익혔던 터라, 몇 달 뒤 똥오줌도 못 가리고 엄마 젖만 보면 얼굴을 갖다 대는 이 아기를 굳이 남의 손에 맡겨 두고 설명서를 만들러 다시 회사에 나가야 하나, 늘 고민하던 차였다. 일을 잘했던 직원도 아니라서 아무래도 회사보다는 내 아이가 나를 훨씬 더 필요로 할 것 같았다.

번역이라는 일이 매력적으로 보여서 대학생 때도 번역 아르바이트를 몇 번 해 봤고, 졸업 학기에는 5개월 정도 계약직으로 공기업에 들어가 환경 관련 자료를 온종일 번역해 본 적도 있었다. 신문 기사 번역 시험을 쳐서 여섯 명 중 내가 뽑힌 거였다! 번역을 더 깊이 공부하려면 대학원에 가야겠다는 생각에 주말에는 강남에 있는 통번역대학원 입시 학원에도 몇 달 다녔다. 그렇게 제대로 된 준비 없이 통번역대학원 입시 시험도 쳐 봤다. 당연히 한 문장도 제대로 쓰지 못하고 시험장을 나온 뒤 곧바로 회사 생활을 시작했는데, 회사에 잘 다니면서도 번역에 대한 미련은 남아 있었나 보다. 출퇴근길 버스에서도, 출산이 임박해 휴가를 내고서도, 늘 손에 책을 들고 있던 나는 '설명서를 만들 게 아니라 재미난 책을 번역해야 하는데…'라며 늘 아쉬워했다. 책 속에는 길만 있는 게 아니라 온갖 인물들의 행위와 감정을 보여 주는 이야기, 그리고 인간을 이해해 보려는 지난하지만 애틋한 여정이 담겨 있으니까. 하지만 이미 대학원 번역 시험을 쳐 봤던 나는 그 시험 답안지를 다 채우는 게 내 실력으로는 불가능한 일처럼 생각돼서 마음을 비우려고 노력했다.

도서 번역가를 모집한다고?

그런데 아이가 잠들고 온 집안이 쥐죽은 듯 조용해지면, 행여나 아이가 깰까 봐 설거지도 청소기 돌리기도 일단 미뤄 두고 '다시 번역이나 해 볼까?' 하며 괜스레 번역거리를 찾게 되었다. 아르바이트나 구직 사이트에는 주로 상용문서 번역사를 구하는 에이전시 광고가 대부분이었는데, 어느 날 찾아낸 한 에이전시에서는 도서 번역가를 구하고 있었다. 출판 에이전시 자체에 대한 개념이 없었던 터라 일단 그 에이전시 웹 사이트를 검색해 봤다. 그동안 제목만 들으면 알 만한 베스트셀러를 중개했고, 에이전시 소속 번역가들의 역서도 꽤 많은 걸 보니 나름 괜찮은 회사처럼 보였다. 지원 조건에 대학원 학력이나 출판 번역 경력을 따로 요구하지 않았기 때문에 나는 혹시

나 하는 마음에 '일단 한번 두드려나 보자'라는 생각으로 이력서를 보냈다.

조금 의아했지만 곧바로 샘플 번역을 해서 보내 달라는 회신이 왔다. 샘플은 대화가 많은 로맨스 소설이었는데, 낯선 단어가 조금 보이긴 했어도 사전을 찾아 가며 읽어 보니 문장 자체가 그리 까다롭지 않았고 내용을 파악하는 데 큰 어려움도 없었다. 틈틈이 아이가 낮잠을 자면 집안 꼴이야 어떻게 되든 말든 책상에 앉아 문장을 읽고 해석하며 샘플 번역을 시작했다. 어릴 적부터 친구를 만나 이야기하길 좋아했고 싸이월드에 글 쓰는 것도 즐겼던 내게 대화체 번역은 너무나 재미있고 심지어 쉽게 느껴졌다. 그렇게 마친 첫 샘플을 제출하고 '설마, 이렇게 데뷔를? 너무 간단하잖아?'라는 의심 반 긴장 반으로 결과를 기다렸다.

"이윤정 님께 정식 의뢰를 드립니다"로 시작하는 메일이 왔다! 분량은 약 52페이지 정도, 샘플과 내용이 비슷한 로맨스 소설로 어렵지 않은 내용, 마감 기한은 계약일 이후 7일이라는 내용이었다. 그리고 또 하나. 번역은 재택으로 집에서 하되 계약서 쓸 때와 '수정 작업'이 있을 때는 사무실에 방문하라고 했다. 번역에 관심은 많았어도 누구 하나 주변에 물어볼 사람이 없던 나는 일단 책 번역 기회를 준다고 하니 시키는 대로 하기로 했다.

52페이지라니, 어떤 책이길래 이렇게 짧나 싶었지만 짧아서 다행이기도 했다. 내겐 시간이 많이 없었으니까. 로맨스 소설이라는 장르에 관해서도 자세히 모르긴 했는데, 일단 기회가 왔으니 번역가로 데뷔하면 회사를 그만둘 수 있다는 기대로 계약서를 쓰기로 했다. 혼자서 젖먹이 아기를 데려갈 수는 없고, 그날 하루 남편의 도움을 받아 차를 타고 화성시에서 합정역 부근에 자리한 에이전시 사무실로 갔다. 당시 수유복이 교복이었던 나는 오랜만에 어깨가 각진 코트를 꺼내고 출산 후 처음으로 스키니진을 입었다. 호흡이 힘들어질지도 모르는데 나름 한껏 차려입은 거다. 일단 아이가 울지 않도록 차 안에서 젖을 충분히 먹인 뒤 사무실로 들어가던 내 발걸음은 여느 회사에 면접 보러 갈 때보다 더 떨렸다. 누런색 서류 봉투를 한쪽 팔에 끼고 건물 주변을 오가던 사람들을 볼 때면 '저런 분들이 다 번역가인가?'라고 생각했고 모든 게 다 새삼스럽고 신기했다.

약속된 시간에 맞춰 벨을 누르자 문이 열렸다. 잠깐 기다리니 어느 여자분이 나를 불러 작은 방으로 들어갔다. 간단한 인터뷰를 한다거나 책의 내용에 관해 이런저런 이야기를 나누리라 예상했는데, 그는 출력한 계약서를 곧장 내밀며 내게 사인을 하라고 요청했다. 출판 계약서라고 적힌 종이에는 '갑: xx 에이전시/을: 이윤정 번역가'라고 되어 있고 '번역비: A4 1장당 1만 원'이라고 적혀 있었다. 만 원이라… 번역이 처음은 아니었던 나는 A4 한 장이 그렇게 적지 않은 양이라는 사실을 알고 있었지만, 예전에 8천 원을 받고 한 적도 있었으니 원래 초보들한테는 이 정도 주는가 보다 생각했다. 그래도 혹시나 해서 "번역비는 앞으로 올려 주시죠?"라고 물었다. 직원은 "앞으로 저희랑 계속 일하시면 더 올려 드려요. 처음에는 조정이 조금 힘들어요"라고 답했다.

얇은 책 한 권의 무게

집으로 돌아온 나는 그날 밤부터 아기를 재우고 나면 밤 10시쯤 책상 앞에 앉아서 번역을 시작했다. '52페이지를 7일 만에 하라고 했으니 하루에 여덟 장 정도 하면 되겠지?'라는 생각으로 시작했는데, 한 장 읽고 낑낑대며 번역을 하다 보면 밤 12시, 새벽 1시… 갑자기 아기가 깨서 쪼르르 달려가 젖을 물리고 다시 재우면 2시… 그제야 내가 큰일을 저질렀다는 긴장감이 덜컥 몰려왔다. 집중해서 원서를 제대로 읽고, 장면을 정확히 이해하고, 우리 문장으로 하나하나 옮기다 보니 시계 분침이 반 바퀴, 한 바퀴씩 휙휙 돌아갔다.

이틀 사흘 하다가 도저히 안 되겠다 싶어서 결국 멀리 지방에 사시는 친정 엄마를 불렀다. 일하시던 엄마가 급히 휴가를 내어 올라 오셨고, 그때부터 나는 아기를 엄마한테 맡기고 낮에도 계속 번역을 했다. 52페이지를 너무 쉽게 봤구나, 한숨을 푹푹 내쉬면서 말이다. 엄마 얼굴 보기에 정말 민망한 며칠이 지나갔다.

번역하는 내내 든 생각이라곤 '이건 지금 내가 할 짓이 못 된다. 아기나 잘 키우자'였다. 내가 느린 건지 시간이 빨라진 건지 잠도 제대로 못 자서 시뻘건 눈으로 모니터만 들여다보고 있어도 기한 안에 다 못 끝낼지도 모른다는 불안감만 몰려왔다. 오래도록 출판 번역 일을 선망했고 정말 재밌으리라고만 예상했는데, 그동안의 환상이 다 깨지는 경험이었다. 돈을 벌려던 것도 아니고 출판 번역가가 된다는 설렘으로 시작한 일인데 마음이 다급해져서 설렘을 전혀 느낄 수 없으니 아이러니했다. 심지어 이 작업은 여기서 끝이 아니었다. 의뢰 메일에서 말한 '수정 작업'의 의미를 몰랐던 나는 마감 후 '사무실에 와 달라'는 메일을 받았다.

다시금 남편이 운전하는 차를 타고 사무실에 찾아갔다. 이번에는 대표님이라는 분과 면담이 시작되었다. 미리 조사한 바에 따르면 대표님도 번역가였기에 출판 번역 생태계에 관해 뭔가를 알려 주시나 보다, 하고 생각했다. 그분은 다짜고짜 "번역은 이렇게 하면 안 돼요"라고 말하더니 사무실 컴퓨터 앞으로 나를 데려가 앉혔다. 그러고는 내가 제출한 문서를 열고 큰 소리로 문장들을 읽으며 고치기 시작했다. 사무실에서 업무 중이던 두어 명의 직원은 별 관심도 없는 눈치였다. 원서 초반에는 다음과 같은 내용이 있었다.

원문

Amir watched with fascination as the woman walked into the suite of The Great Hotel. He was so fascinated by her blond loveliness that he wasn't even aware that his numerous aides and bodyguards.

내가 번역한 건 아래의 (1)과 같았고, 대표님은 (2)와 같이 고치라고 했다.

번역문

(1) 아미르는 한 여성이 그레이트 호텔의 스위트룸으로 걸어 들어오자 그 모습에 매료되었다. 그는 금발 머리를 한 그녀의 사랑스러움에 푹 빠진 나머지 수많은 경호원들과 보디가드들을 의식하지 않았다.

(2) 아미르는 그레이트 호텔의 스위트룸으로 걸어 들어오는 한 여인을 넋을 잃고 바라봤다. 믿을 수 없을 만큼 아름다운 금발의 미인이었다. 수행원과 경호원들은 모두 국왕을 바라보고 있었지만, 정작 그는 금발의 여인에게 정신이 팔려 있었다.

"이윤정 씨가 번역한 거 한번 읽어 보세요. 무슨 말인지 알겠습니까? 우리말로 글 쓸 때도 저렇게 씁니까? 영어를 있는 그대로 바꾸는 게 번역입니까? 상상력을 발휘해서 창작한다고 생각하란 말이에요. 문장이 길면 자르고, 순서도 읽기 좋게 바꿔야 잘 읽히잖아요. 이런 소설은 문학 비평이나 리뷰 대상이 아니니까 글맛을 살려서 독자가 쉽게 상황을 이해할 수 있게 번역해도 된단 말입니다. 처음부터 다시 읽으면서 제가 말한 대로 싹 고치세요." 기억을 더듬어 보면 그분이 대략 이런 식으로 말씀하셨던 것 같다.

지금 여기 앉아서 A4용지 50장 분량의 글을 다 읽으면서 수정을 하라니? 밖에서 남편과 아기가 기다리고 있고, 나는 금방 나올 거라고 일러두었으며, 아기는 배고프면 엄마 찾고 울 텐데… 정말로 난감했다. 그때는 '편집자'라는 존재에 대해서도 몰랐기 때문에, 우선은 내가 한 번역에 끝까지 책임져야 한다는 생각으로 낯설고 횅한 사무실 한쪽에 마련된 낡은 컴퓨터 앞에 앉아 번역한 걸 한 장 한 장 읽어 나갔다. 그러나 내가 한 번역이다 보니 뭐가 어떻게 어색하다는 건지 잘 알지 못했다. 나는 한 문장씩 읽는 척하며 오타나 비문이 없는지만 대충 살피는 정도로 일을 마무리짓고 나왔다.

1월에 샘플을 제출하고, 2월에 번역한 책은, 4월에 전자책으로 출간되었다. '출간 후 입금'이라는 계약 조건이 있어서 5월에 결제 정보를 건넨 뒤, 6월에 45만 원 정도를 받았다. A4 1장에 1만 원을 받았던 그 번역은 200자 원고지를 기준으로 계산해 보면 원고지 장당 1,100원 정도였다. 그리고 로맨스 소설이라고 해도 그렇게 선정적인 내용이 아니길래 '19금'일 거라곤 생각 못 했는데, 제목이 《xxx의 은밀한 xx》인 그 소설은 성인 인증을 받아야 읽을 수 있는 성인용 전자책이었다. 그 시리즈의 표지는 남녀가 반은 벗고 신체 접촉을 하는 사진들로 이뤄져 있어서 어디 대놓고 자랑하기도 민망했다. 그런 책이 나쁘다는 건 아니지만, 내가 그런 책을 전혀 읽지 않는데 누구더러 읽으라고 추천할 수 있을까? 그리고 후에 알음알음 수집한 정보에 따르면, 이 에이전시는 아무것도 모르는 초보 번역가들에게 숱하게 일을 주고 번역비를 떼어먹기도 했다고 한다.

그동안 꿈꿔 온 출판 번역가의 일은 이런 게 아니었는데. 실력이 부족하고 경력도 없는 초짜라서 이런 책밖에 맡을 수 없는 건가 등등 많은 생각이 드는 경험이었다. 아무튼 '이건 못 할 짓'이라고 이미 결론을 내렸기 때문에 휴직 중에 좋은 경험 했다고 생각하기로 했다. 며칠 뒤 그 에이전시는 '수정 번역'을 시킬 때와는 다른 태도로 메일을 보내왔다. "이윤정 님이 번역을 너무 잘해 주셔서 다음 책도 의뢰드립니다"라는 내용이었다. 칭찬에 혹하긴 했으나 새로 받은 원서의 PDF 파일을 열어 보니 역시나 시작부터 쌍욕과 섹스 묘사로 가득했다. 나는 아기를 키우느라 너무 시간이 부족해서 번역을 못 하겠다고 답신을 보냈고, 정말로 아기를 돌보는 데 집중했다.

그래도 남은 휴직 기간에 아주 가끔 인터넷 신문사의 기사 번역이나 어린이용 외서 소개 번역(대부분 A4 1장당 1만 원 선의 아르바이트였다)을 조금씩 하면서 번역의 끈을 놓지는 못했다. 아기가 낮잠을 자면 청소는 하기 싫고 자꾸만 구직 사이트를 검색했다. 그렇게 성냥 나뭇개비에서 까맣게 타들어 가는 작은 불꽃처럼 '아마추어적 정열'을 아주 약하게 지켜 나가고 있었다.

2장

영어

잘 한 다 고

왜

말 을

못 해

?

이런 제목처럼 영어 공부가 쉽다면

지난 44년 동안 영어 공부를 하고서도

아직도 어렵게 느껴지는

나 같은 사람은 어떻게 된 것인가.

사실 나는 지금도 해석이 안 되는

문장을 만날 때가 있다. (…)

꾸준한 노력 이외에는 그 어떤 것도 속임수에

지나지 않으니 현혹되지 말기 바란다.

- 번역가 이종인, 《번역은 글쓰기다》(즐거운 상상, 2009) 중

사람들은 통역사나 번역가를 두고 '영어로 먹고산다', '중국어로 밥벌이한다'라고 표현한다. 나도 영어 원서를 읽고 우리말로 옮기는 일을 하는 영어 출판 번역가인데, 영어로 먹고살면 참 좋겠지만 그럴 만한 돈을 벌지는 못하고 어쨌든 영어라는 언어를 읽고 해석할 줄 아는 능력을 바탕으로 좋아하는 일을 하며 지내고 있다.

성장하면서 영어를 접했던 몇몇 순간들을 생생히 기억한다. 영어라는 외국어를 처음 접한 것은 초등학교 5학년이던 열두 살 때였다. 라떼로 말할 것 같으면… 초등학교 때는 영어 과목이 없었고, 중학교 1학년 때 처음으로 영어 교과서를 받았다. 이게 조기 교육 축에 끼는지는 모르겠으나 나의 부모님은 초등학교 고학년이 된 내게 영어 학습지를 시켜 주셨다. 일주일에 한 번씩 동네 구역을 담당하는 선생님이 집에 오셔서 그 주에 배울 내용을 대략적으로 설명한 뒤 얇은 학습지와 테이프를 주고 가는 방식이었다.

부모님이 결혼할 때 사셨다는 낡은 카세트에 영어 테이프를 넣고 처음으로 배웠던 알파벳은 A도 아닌 P, 그리고 첫 영어 단어는 Pig였다. 초반 몇 주는 재밌게 했는데, 당연히 그 이후로는 밀리는 게 일이었다. 정말 안타깝게도 영어 학습지를 떠올리면 기억나는 거라곤 늘 밀려서 선생님의 눈치를 보던 것밖에는 없으니 말이다.

중학교 1학년 때는 'student', 'beautiful' 같은 단어나 'I am a girl, you are a boy.' 수준의 문장을 배우고 암기했다. 단어를 외울 때는 '스튜덴트', '베아유티풀' 이런 식으로 달달 외우고, 인칭 변화를 익히려면 '아이 마이 미 마인, 유 유어 유 유얼즈' 같은 노래를 부르면 되니까 그리 어렵진 않았다. 암기만 잘하면 시험 성적도 잘 나오니 영어가 어렵다는 생각은 해 보지 않았다.

그런데 말입니다! 중학교 2학년이 되어 중2병이 걸린 것도 문제였지만, 갑자기 영어 시간에 '분사구문', '부사', '조동사'처럼 알아듣기 힘든 단어들이 나오기 시작하는 것이었다. 당시 머리카락이 새하얀 할아버지 영어 선생님께서 칠판에 한자로 문법 용어들을 쓰시며 열심히 설명해 주셨는데, 그때부터 나의 뇌는 영어 시간에 배우는 내용을 소화하지 못하기 시작했다(사실 번역가가 된 지금도 문법 용어를 써서 설명하려고 하면 헷갈린다). 학습 능력이 우수했던 친구들은 그때부터 맨투맨, 성문 기초 영문법 등의 교재를 보며 열심히 공부했는데, 내겐 어렵게 느껴졌고 정말 재미도 없었다.

세계 무역 센터가 무너지다니

영어 학습지를 시켜 주실 때부터 아빠는 늘 "영어를 잘해야 한다"라고 귀에 못이 박히도록 말씀하셨지만, 내가 스스로 영어를 잘해야겠다고 생각한 건 중3 때였다. 당시 내가 공부하던 중3 영어 교과서에는 뉴욕에 있는 유명한 건물들에 대한 소개가 나왔다. 어느 날 독서실에서 '세계 무역 센터'에 관한 본문을 공부하며 나중에 어른이 되면 여기 반드시 가 보리라 생각했던 참이었다. 늦은 밤 독서실에서 나와 집에 오는 길에 동네 파출소를 지나는데, 경찰 아저씨들이 조그마한 텔레비전 앞에 우르르 모여 화면을 심각하게 들여다보고 있었다. 기분이 싸해진 나는 뭔가에 이끌리듯 파출소로 들어갔다. 그날은 2001년 9월 11일이었다. 방금까지 교과서 안에 멀쩡하게

서 있던 쌍둥이 빌딩에 비행기가 날아들더니 차례로 연기가 나고 와르르 내려앉는 장면이 반복해서 재생되고 있었다. 그 순간에는 고통받았을 희생자와 유가족들 생각보다는 내가 언젠가 가려고 했던 곳이 갑자기 사라졌다는 허무함에 나도 모르게 눈물이 흘렀다.

집에 도착한 나는 새벽까지 텔레비전 앞에 앉아 뉴스에서 보여 주는 장면을 보고 또 보았다. 그때 방송에서 CNN 기자들이 자욱한 연기 속을 오가며 보도하는 모습을 인상 깊게 본 계기로 외신 기자라는 직업에 관심이 생겼다. 영어를 잘하면 나도 CNN 기자가 될 수 있을지도 모른다는 생각이 문득 든 것이었다. 그때부터 장래희망이 CNN 기자라고 대놓고 말하고 다니면서 한메일 서명란에 'YounJung Lee_CNN_Seoul'이라고 적어 놓았다. 그리고 당장 지금부터 준비하자고 마음먹고 《CNN 손지애의 포인트 리스닝》이라는 책을 샀다. 2001년 4월에 출간된 책이었다. 내가 처음으로 학교 시험과 무관하게 구매한 영어 학습서였다. 함께 들어 있던 테이프를 삼성 마이마이 카세트에 넣고 수십 번 반복해서 들으며 열심히 공부해 보려고 했는데, 중3에겐 어려운 내용이었다. 앞부분만 새까맣고 뒷부분은 A급 중고로 남겨진 그 책은 약 15년간 고향 집 책장에 잘 보관되어 있었다(이 책은 2017년에 다시 나를 만나게 된다).

고등학교 때는 단어만 열심히 외우면서 수능 영어 문제집을 풀었던 기억뿐이다. 고1 때는 모의고사를 볼 때마다 희망 대학교 칸에 서울대학교라고 썼다(다들 그러셨을 테지요…). 꿈을 크게 가진다고 나쁠 건 없으니까. 고3 때는 그냥 서울에 있는 대학교만 가면 좋겠다고 생각했다. 일단 서울로 가야 뭐라도 될 거 같은 막연한 동경이 있었다. 다행인지, 안타까운 건지, 재수까지 해서 서울에 있는 사립대학교에 들어갔다. 그때도 우리 아빠는 항상 말씀하셨다. "영어를 열심히 해라. 다른 건 몰라도 영어만 잘하면 된다." 나는 그래서 특별한 전공 분야에 대해 깊이 생각하지 않고 어떻게 하면 '영어만' 잘할 수 있을까에 주로 관심을 기울이며 전공 이외의 교양은 되도록 영어 관련 수업을 들었다. 아빠 말씀을 참 잘 듣는 딸이었나 보다.

1학년 2학기 때 들었던 교양 과목은 '영화 영어'였다. 한 학기 동안 영화 〈슈렉2〉를 보면서 스크립트를 배우고, 영화를 보고, 외우고, 시험을 치는 과목이었다. 당시 교환 학생을 가고 싶다는 목표가 있어서 그랬는지, 무조건 A+를 받겠다는 각오로 모든 과목을 철저하게 공부했다. 심지어 시험 기간이 아닐 때도 전 과목을 예습, 복습하며 공부했다. 수업에서 나눠 준 〈슈렉2〉 스크립트를 해석한 뒤 영화를 구해서 매일 아침 수업에 가기 전에 반을 보고 저녁에는 나머지 반을 봤다. 그렇게 날마다 반복해서 보며 '귀를 뚫어 보려' 애썼다. 한 학기 동안 특별한 일이 없는 한 거의 챙겨 봤으니 적어도 60번은 본 것 같다. 그 정도 보니까 영어 대사가 노래 가사 외워지듯 자연스레 다 외워졌고 시험에서는 모두 만점을 받았다(그 학기에 처음이자 마지막으로 올 A+을 받았다. 이런 건 시간이 흘러도 잘 안 잊혀진다).

Dzień Dobry**!

교환 학생으로 간 곳은 폴란드였다. 취업 면접을 볼 때도 그랬고, '생뚱맞게 웬 바르샤바 대학교냐?'라는 질문을 그동안 여러 번 받았다. 이유는 몇 가지 있는데 특별한 건 없다. (1) 토플 점수에 맞춰 경쟁자가 덜 몰리는 곳에 지원하려고, (2) 동유럽이니까 한국인이 많이 없을 것 같아서, (3) 알아보니까 유로를 안 쓰고 물가가 저렴해서, 그리고 (4) 리스트에 있는 다른 교류 학교들과는 달리, 수도에 자리한 국립대일 뿐만 아니라 역사적으로 훌륭한 인물을 여럿 배출한 유서 깊은 학교여서다. 비유하자면, 폴란드의 서울대학교 같은 곳이었다(라고 우기고 싶다). 영어를 잘하고 싶은 내가 바르샤바 대학교를

---

* 폴란드어로 '좋은 하루 되시길!'이라는 인삿말이다. '진 도브르'라고 발음한다.*

선택할 때는 폴란드도 유럽이니까 웬만한 사람들은 영어를 잘 구사하겠지 하는 '상상'이 크게 작용했다. 현실은 어땠을까? 폴란드에 가서는 영어를 듣기가 꽤나 힘들었다.

내가 배정받은 기숙사에는 주로 일본, 중국, 대만에서 온 학생들이 살았다. 독일과 스페인에서 온 친구도 두어 명 있긴 했다. 그때 내가 스페인 친구한테 처음 영어로 했던 질문을 아직도 기억한다. 기숙사 파티를 준비하는데, 한참을 안 보이다 어딘가에서 스르르 나타난 그에게 '어디 갔다 왔어?'라고 말하고 싶어 머리로 번역기를 돌린 뒤 입을 열었다. "Where did you go? and come back?" 분명 현재 완료 시제를 알고는 있었는데 생활 속에서 말로 튀어나오게 할 수준에는 못 미친 것이었다. 저 문장은 당시의 내 영어 수준을 잘 말해 준다.

폴란드에서 지내는 동안 유럽에서 온 교환 학생들과 영어로 대화할 기회는 많았다. 달리 말해 원어민의 영어를 접할 기회가 거의 없었다. 다들 비슷비슷한 수준이어서 서로에게 배울 것은 없지만, 하고픈 말을 (엉터리라도) 영어로 말하는 연습을 많이 했다. 이대로 1년을 있다가는 이도 저도 아니겠다 싶어서 기숙사를 나와 영국, 네덜란드 친구와 집을 구해 살았다. 날마다 영어로 일기를 쓰고 자막

없이 영화도 많이 보았다. 일기라고 해 봤자 매일 과거형 시제로 뭐 먹었다, 어디 갔다, 누구 만났다, 이런 것이 다였지만 가정법이나 현재 완료 시제로 쓴 문장을 연습하기 위해 매일매일의 생각도 빠뜨리지 않고 쓰려고 한 내 노력이 지금 생각하니 참 가상하다. 정말 하루도 안 빠지고 날마다 쓴 꾸준함도 기특하고 말이다.

폴란드에서는 제2차 세계대전, 홀로코스트와 관련된 영화와 책을 주로 봤다. 폴란드에 가면 누구라도 저절로 그런 데 관심이 생긴다. 〈피아니스트(2002)〉, 〈쉰들러 리스트(1993)〉 등의 영화가 대표적이다. 이런 영화들은 등장인물들이 실은 독일어나 폴란드어로 말해야 하는데 영어로 말하는 설정이라 영어 대사를 알아듣기가 비교적 쉽다. 원서로는 《The Boy in the Striped Pyjamas(줄무늬 파자마를 입은 소년)》, 《The Reader(더 리더)》등을 재밌게 읽었다. 이 작품들은 이후 영화로도 개봉했다. 관심 가는 내용이면서 어렵지 않은 원서를 고른 게 원서 읽기를 시작하는 데 큰 도움이 되었던 것 같다.

영어 실력은 대체 언제 느나요?

한국에 돌아와 이제 곧 졸업반이 되게 생겼는데, 이대로 졸업하기에는 아직 내 영어 실력이 한참 부족하다는 생각이 들었다. 외국물을 얼마나 먹었다고, 한국 생활에 적응을 못 해 도망가고 싶기도 했다. 그래서 이번엔 1년 휴학을 내고 영국으로 떠났다. 혹시 금수저, 은수저가 네 수저냐 묻는다면 물론 아니다. 어떻게든 부모님 부담을 덜어 드리려고 집안 형편이 어려운 학생에게 주는 소액 장학금이라도 타기 위해 부모님 등골이 휘고 있음을 호소하는 신청서를 쓰며 글짓기 연습을 했을 정도다. 그리고 잘 찾아보면 학교에서 제공하는 지원 프로그램이 많아서 비행기 푯값 정도는 받을 수 있었다.

영국에 가서는 배틀Battle이라는 남부 시골에 있는 기독교 단체 시설에서 외국인 노동자로 지내며 화장실을 청소하고, 침대 시트를 갈고, 주방의 식기세척기에 들어가 음식물 찌꺼기를 닦으며 용돈을 받고 지냈다. 가끔 휴가를 받으면 런던이나 배스Bath 등 영국 내 도시로 여행 다닐 기회는 있었다. 이번에도 영화 보고, 일기 쓰고, 책 읽고, 폴란드에서와 비슷하게 보냈다. 브라질, 러시아, 스페인, 핀란드 등지에서 영어를 배울 겸 일하러 온 외국인들과 서로 모자란 영어로 대화하고, 속 깊은 얘기는 주로 한국인들과 나누며 지냈다. 정작 거기서 일하는 영국 아저씨들의 영어는 외계어처럼 들렸다. 그분들과의 대화에는 어려움이 있었어도 특이한 발음을 듣는 재미는 있었다. 영국에서도 영어를 배우기보다는 나 자신과 인생에 대해 많이 생각하게 되었다고 하는 게 더 맞겠다. 평생 우려먹고 끓여 먹을 추억은 그때 다 만들었으니까.

영국이라는 나라의 매력에 푹 빠졌던 나는 〈로맨틱 홀리데이(2006)〉, 〈어바웃 어 보이(2002)〉, 〈빌리 엘리어트(2000)〉, 〈노팅힐(1999)〉 등의 영화를 달달 외우도록 봤다. 닉 혼비Nick Hornby의 소설 《About A Boy(어바웃 어 보이)》, 《High Fidelity(하이 피델리티)》 등도 재밌게 읽었던 기억이 난다. 지금 번역을 하려고 그 원서들을 읽는다면 오히려 어렵게 느껴질 텐데, 그땐 번역에 대한 생각을 전혀 하지 않아서인지 장면과 이야기의 흐름을 (대략적으로) 이해하면서 어렵지 않게 읽을 수 있었다.

요즘에도 영화를 볼 때는 웬만해선 영어 자막으로 본다. 한국어 자막을 보면 좋은 표현도 건지고 번역하는 데 도움이 될 테지만, 영어를 듣고 자막도 영어로 보면서 원어민들의 대화를 있는 그대로 받아들이는 재미가 쏠쏠해서 계속 그렇게 하고 있다. 영어라는 외국어를 배운 보람과 재미는 영어를 있는 그대로 이해할 때 가장 크게 와닿는다. 그래서 번역가의 역할이 더 중요한 거 아닐까? 누구나 다 외국어를 있는 그대로 이해할 수는 없으니, 우리말로 번역된 자막을 보면서도 외국어로 볼 때와 똑같은, 혹은 최대한 비슷한 감상을 불러일으키도록 중간 역할을 해 주는 게 번역가니까 말이다.

내가 유학을 가서 공부하고 외국인 친구랑 친하게 지내며 자유롭게 유럽 여행도 다니니까, 친구들은 자기도 영어를 잘하고 싶은데 혹시 쉽고 빠르게 영어를 잘하는 방법이 없냐고 자주 묻곤 했다. 질문부터 참 이상하지 않은가? 그나마 쉽고 재밌는 방법인 '스크립트 공부하고 영화 50번 보기'를 알려 줘도 그대로 하는 친구는 못 봤다. 일기 쓰기도 꾸준히 하는 경우는 잘 못 봤고. 열심히, 그리고 꾸준히 하기만 하면 되는데 실력이 오르는 게 빨리 티가 안 나니까 확신이 없거나, 재미가 없거나, 혹은 사실 정말 잘하고 싶다는 절실함이 없어서 하다가 중단하는 경우가 대부분이었다. '단기완성', '며칠 만에 끝내기' 같은 제목의 영어책들이 잘 팔리는 데에는 이유가 있다. 잘하고픈 영어를 빨리 완성해 주고 끝내 준다고 유혹하니까. 언어 공부에 완성이나 끝이라는 게 있기나 할까? 그런 책들도 처음부터 끝까지 꼼꼼히 보고 공부한다면 당연히 실력 향상에 큰 도움이 되고 다음 단계로 넘어가는 디딤돌이 되어 줄 것이다. 하지만 단언컨대 어느 정도 실력에 이르기까지는 꾸준한 관심과 노력 말고는 방법이 없다고 생각한다. 너무 뻔한 의견이라 미안하지만, 어쩔 수 없다.

그렇게 해서 대학교를 졸업할 때 즈음의 나는 '유럽인'들과 영어로 '일상적인' 얘기를 자유롭게 나누고, '전문적이지 않은' 문서, 예컨대 이메일이나 소개서 같은 걸 어렵지 않게 쓰고, 영어 면접에서 나름대로 자신 있게 말할 수 있는 딱 그 정도 수준의 영어 실력을 갖추게 되었다. 문제는 부족한 영어 실력에 있는 게 아니라 위의 작은 따옴표로 '강조' 표시한 부분에 있었다. 그렇다. 나는 전문 지식이나 특별한 전공 분야가 없었다. 단지 영어를 공부한답시고 영화 보고, 소설 읽고, 여행 다니고… 그게 전부였던 거다. 따로 공부한 분야가 없으니 아는 것도 없고, 의견도 없고, 영어로 할 말도 쓸 말도 없었다. 고작 일기나 쓰고 말이다. 이런 내 실력은 통번역대학원 번역 시험을 준비하자 바로 바닥을 드러냈다. 한 문장도 제대로 쓸 수가 없었다. 한영 번역 실력이 점수로 따지면 거의 0점에 가까워서 나도 놀랐다. 대학원 졸업장도 없는 내가 대학원 이야기를 하는 게 조금 웃프긴 하지만, 8년에 걸친 대학원 입시 이야기(8수는 아님)는 다음 장에서 더 자세히 해 보려 한다.

3장

척척박사는

　못

　　　되더라도

　석사는

　　　　　되
　　　　　고

　　　　　싶은데

"사람이 제일 다이내믹할 때가 언제인지 알아?"

나는 엉겁결에

"좋아하는 일을 할 때"라고 답했다.

하지만 선생님은 고개를 저으며

"아냐, 빼앗겼다고 생각했던 일을

되찾았을 때야"라고 정정해 주셨다.

- 번역가 조영학, 《여백을 번역하라》(메디치미디어, 2018) 중

2011년 이화여대 통역번역대학원 번역학과 입시에서 (당연히) 불합격한 나는 바로 영어 매뉴얼을 만드는 회사에 취업해 직장 생활을 시작했다. 조직 생활이라는 것에는 원래 '잡일'이 많이 따르게 마련이라 좋아하는 일이었다고는 할 수 없지만, 영어를 많이 다루는 일이었고 새로운 기술을 익히는 재미도 있었다. 관심사가 비슷하고 마음이 잘 맞는 직장 동료들도 사귀어서 나름의 보람으로 곧잘 회사 생활을 이어 갔다. 그러던 중 20대 후반에 결혼하고 아이도 가지게 되었다. 그간 상상해 오던 미래는 아니었어도 안정적인 생활의 매력은 퍽 강력했다. 20대 초반에는 내가 인터내셔널한 라이프를 살아갈 줄 알았고, 교환 학생 시절에 마음껏 여행하고 외국인들을 만났던 것처럼 영어로 먹고살며 외신 기자든 번역가든 번지르르한 커리어우먼으로 자리잡을 거라 막연히 기대했었다(그러기 위해 구체적인 노력을 한 적은 없지만). 그러나 어느덧 나는 매일 출근할 곳이 있고, 매달 들어오는 월급이 있다는 사실에 감사하면서도 퇴근 시간과 주말만을 기다리며 하루하루를 꾸역꾸역 살아 내는 평범한 직장인이 되어 있었다.

첫아이를 낳고 산부인과 의사 선생님의 진료 태도가 은근히 돌변했던 것을 기억한다. 그동안 나를 환자로 산모로 애지중지 진료해 주던 선생님이었는데, 괜한 기분 탓인지는 몰라도 아이를 낳고 나자 적응할 틈도 없이 나를 아기의 보호자로 대하는 것 같았다. 수유하느라 잠을 못 자서 너무 힘들다고 하니까 "엄마가 그 정도는 참아야지"라면서 "여자 인생은 두 개예요. 애 낳기 전에 하나, 낳고 나서 하나"라고 깔끔하게 상황을 정리해 주었다. 아기가 태어나면 하루 세끼 젖을 먹는 줄 알았고, 기저귀도 성인들이 화장실 가듯 띄엄띄엄 갈아 주면 되는 줄 알고 천 기저귀 세트까지 장만해 둔 나는 육아 바보였다. 하여 임신 기간 40주가 무색하게도 너무나 갑작스레 아기를 맞이한 기분에 당황할 수밖에 없었다. 아기를 키운다는 게 어떤 일인지에 심각할 정도로 무지했던 거다. 내 인생에 갑자기 나타난 너무도 낯선 아기. 속싸개로 애벌레처럼 꽁꽁 싸맨 아기를 조리원 침대 한가운데 덩그러니 올려 두고 한참을 바라보며 또르르 눈물을 흘리던 장면이 눈에 선하다.

인생 1회차는 그렇게 끝이 났다. 정말로 그렇다고 느꼈다. 여기서 구구절절 육아 이야기를 하려는 의도는 없지만, 그때의 기분을 간단하게 묘사하자면 '이제 내 인생이 끝났구나'라는 뚜렷한 실감이었다. 인터내셔널이고 나발이고 지난 삶은 이제 역사책 속의, 혹 다른 엄마들의 말을 빌리자면 '전생' 이야기가 된 듯했다. 온종일 아이에게 매달려 엄마의 삶에 적응하느라 정신이 없었다. 조금 익숙해지니 둘째가 생겼고, 중간중간 번역 아르바이트를 하긴 했어도 전업주부로 보낸 시간이 4년이나 흘렀다. 그간 가까운 친구들이나 육아하며 알게 된 엄마들이 오히려 나를 안타까워하기도 했다. 영어 공부에도 열심이었고 하고 싶은 것도 많아 보이더니 왜 애만 키우냐는 것이었다. 한 엄마는 나를 보더니 이런 말을 했다. "우리 딸은 영어 공부하라고 스트레스 안 줘야겠어. 어차피 여자는 애 낳으면 아무것도 못 하잖아, 윤정 씨처럼." 나는 내 실력이 어중간해서 그렇지 똑 부러지게 제대로 준비한다면 아이 낳고도 활발한 사회 활동을 이어 갈 수도 있다고 말해 주었다. 그렇게 말하면서 나 스스로는 더 작아졌다. 모든 게 다 어중간하다는 생각이 들어서였다.

0개 국어 구사자

이쯤에서 대학교 졸업 후 처음으로 대학원 시험에 도전했을 때, 그리고 회사에 다니다가 또 한 번 시험을 쳤을 때(현 남편인 구 남친은 나보고 왜 자꾸 이대에 기부하냐고 묻곤 했다) 내 실력이 얼마나 어중간하고 형편없었는지 되짚어보려 한다. 대학교 졸업 후에는 일주일 내내 입시 학원에 다니기가 부담스러워서 주중에 계약직으로 번역 일을 하고 주말에만 학원에 다니며 공부했다. 입학 시험 대비반은 너무 어려워서 일단 종합반에 다니며 CNN이나 NPR 뉴스를 듣고, 해석하고, 시사 상식을 넓히는 데 중점을 두었다. 솔직히 말하면 이대 번역대학원 기출문제를 본 뒤로는 어차피 못 할 것 같은 생각이 들어서 절실함이 사라졌던 것 같다. 안 되더라도 그냥 영어 공부를 좀 더 해서 영어를 많이 사용하는 직장에 취업하면 된다는 마음이 깔려 있었다.

번역학과 시험은 영→한(50분), 한→영(50분), 이렇게 두 과목으로 이뤄져 있었다. 중간에 쉬는 시간이 없으니 100분 동안 알맞게 시간을 분배해서 두 지문을 번역하는 단 한 번의 시험으로 끝이다. 각 문제당 지문의 길이는 A4용지의 3분의 2가량 되는데, 기출문제를 죽 훑어보면 평균 네 문단 정도로 이뤄진 인문학적 내지 시사적인 주제의 글이 나온다. 서적에서 발췌하기도 하고, 한글 지문은 출제자가 직접 쓰기도 한다고 들었다.

처음 시험장에 들어갔던 2012학년도 입학전형의 영한 번역 시험을 예로 들어 몇 가지 사항을 살펴보겠다. 당시 시험으로는 버트런드 러셀^{Bertrand Russell}의 《Political Ideals(정치적 이상)》라는 책에서 발췌한 지문이 나왔고 첫 문단은 다음과 같이 시작한다.

첫 번째 문단

Society cannot exist without law and order, and cannot advance except through the initiative of vigorous *innovators. Yet law and order are always hostile to innovations, and innovators are almost always, to some extent, anarchists. Those whose minds are dominated by fear of a relapse towards barbarism will emphasize the importance of law and order, while those who are inspired by the hope of an advance towards civilization will usually be more conscious of the need of individual initiative.*

약 50분 안에 네댓 문단으로 이뤄진 지문 하나를 번역하려면, 생각하고 고민할 시간이 거의 없다. 심지어 사전도 찾을 수 없으니 핵심 단어를 모른다면 내용을 파악할 수조차 없다. 낯설고 어려운 몇 개 곁가지 단어는 모르더라도, 다행히 중요한 단어들의 의미를 안다면 우선 글 전체의 핵심 논지를 파악하는 게 필수다. 한 문장 한 문장 빠뜨리지 않고 다 번역한다면야 더할 나위 없이 좋다. 그러나 제한적인 시간에 길고 어려운 지문을 다 번역하려면 논지를 파악해서 저자가 하고자 하는 말을 이해하고, 그것을 우리글로 써낼 수 있느냐가 가장 중요한 부분이라고 생각한다. 교수님들도 주어진 영어 지문을 읽어 내고 의미를 파악해서 우리글로 써낼 수 있을 만한 능력이 있는 학생인지를 확인해 보려는 게 아닐까 싶다.

그 당시 내게는 그만한 능력이 없었다. 논지를 파악하기는커녕 생소한 내용에 당황했고, 단어의 의미조차 제대로 파악하지 못했다. 예를 들어 첫 문장에 law and order가 나오는데, 여기서 'order'를 보며 떠올렸던 건 주로 타동사로 사용될 때의 의미인 '명령하다, 주문하다' 혹은 '순서' 정도밖에 없었다. 단어를 외울 때는 늘 그렇게 외웠기 때문이다. 일대일 대응으로 'order = 명령하다' 같은 등식이 머릿속에 너무 깊이 각인되어 있었다. 저 문장에서 order가 명사로 사용되었다는 것 정도는 알더라도, 셀 수 없는 명사라든지, 셀 수 있는 명사라든지 하는, 그에 따라 여러 뜻이 있다는 것까지는 전혀 고려하지 않고 아주 단순하게 해석하는 습관을 길러 온 것이다. 그래서 시험 시간 내내 단어 뜻 하나하나에 대응해 문장 해석하기에 바빴다.

law and order(법과 질서)를 고수하는 사람들과 innovation(혁신)을 추구하는 사람들의 대조되는 행동 특성을 비교하며 글을 풀어 가고 있는데, 나는 그 논지 자체를 이해하지 못해서 마지막에 미개인들을 의미하는 'savage'라는 단어를 어디서 본 듯한 'sage'와 헷갈리고 '현인'으로 해석해서 멍청한 번역을 해 놓았다. 대학원 입시 공부를 한답시고 뉴스 기사들을 많이 읽고 해석하는 연습만 했지, 이런 인문학적인 글의 논지를 파악하며 읽어 내는 연습은 거의 한 적이 없었던 것이다.

한영 번역은 어땠을까? 2013학년도 입학전형 번역 시험에는 아주 반갑게도 뉴스 기사에서 많이 읽어 본 싸이의 〈강남스타일〉이야기가 나왔다. 하지만 안타깝게도, 내가 영어로 제대로 번역할 수 있는 것은 PSY와 〈Gangnam Style〉밖에 없었다. 그도 그럴 것이 번역 시험을 준비한다면서 영어로 된 지문을 읽기만 했지, 한국어 지문을 읽으면서 그것을 영어로 번역하는 연습에는 굉장히 소홀했던 거다. 읽을 수 있는 거면 쓸 수도 있을 테지, 시험장에서 다 생각날 거야, 라고 기대했던 황당할 정도로 게으른 입시생이었다. 회사를 잘 다니고 있었으니 합격하겠다는 의욕 자체가 사실 없었던 건지도.

시험 지문의 화자는 국제 스포츠 대회 등에서 드러나는 각 나라 국민의 애국주의와 소득 수준의 관계에 대해 이야기하다가, 한국 이야기를 꺼내면서 세 번째 문단에서 싸이 열풍을 논했다.

세 번째 문단
사실 여기까지는 흔한 얘기다. 그런데 요즘 눈에 띄는 현상이 하나 있다. 바로 〈강남스타일〉 열풍이다. 유튜브에 오른이 싸이라는 가수의 노래는 한국을 넘어 수억 세계인이 함께 감상하기도 하고, 흉내도 내고, 패러디도 만들며, '즐기는' 작품이 되었다. 그러다가 이 곡이 빌보드 차트 1위를 향해 다가가기 시작하자 많은 한국인들이 빌보드 차트 순위에 시선을 고정한 채 발을 동동 구르기 시작했다. '내' 나라의 가수가 세계 정상에 올라야 하니까.

내가 답안에 뭐라고 썼는지는 기억이 잘 안 나지만 거의 쓰지 못했던 건 기억한다. 그래도 몇 줄은 써야 할 것 같아서 "His music video on Youtube went viral, so people from all around the world parodied and 'enjoyed' it." 정도는 썼다. 'go viral'은 '입소문이 나고 굉장히 널리 퍼지다'라는 뜻인데, 영어 지문을 읽으며 외워 둔 게 있었으니 어차피 떨어지겠지만 아는 걸 써먹어 보려고 쓰고는 나왔다. 시험지를 채점하는 교수님들이 이런 텅 빈 답안지를 보시면 어떤 생각을 할지 참 궁금한데 아는 교수님이 없어 여쭤보지는 못했다. 그렇게 나는 지금껏 영어를 공부한다고 실컷 노래를 불러 놓고 고작 0개 국어 구사자였다는 사실을 부끄럽게 통감하며 시험장을 빠져나왔다.

입시 터널을 통과해 보니

그로부터 약 5년이 흐르고, 강산은 반쯤 변했고, 내 삶도 꽤 변해 있었다. 앞서 언급했듯 내 인생이 끝났다고 생각하고 애만 키우고 있었다. 그런데 아이들도 조금 자라니 어린이집에 보낼 수 있었다. 대부분 엄마들이 육아에 전념하다 다시 혼자만의 시간이 생기면 조금 당황하면서 이제 뭘 하지 생각한다. 이제 없다고 생각했던 나란 사람이, 사실 아이들을 키우느라 그림자처럼 한 발 뒤로 물러서 있었을 뿐 늘 때를 기다리고 있었던 거다. 회사는 이미 때려치웠고, 뭔가를 하고 싶은데 내가 할 수 있는 게 뭐가 있을까 생각했다. 더 늦기 전에 공무원 시험 준비를 해 볼까도 생각했지만, 나는 분명 운 좋게 공무원 시험에 합격한다 해도 첫날부터 출근하기 싫을 게 뻔

했다. 그래서 이왕 기회가 왔을 때 진짜 하고 싶은 걸 해 보기로 마음먹었다. 아이를 키워 보니 이제 뭐든지 다 할 수 있을 것만 같은 자신감이 붙은 듯했다.

고민을 오래 하지 않아도 좋아하고 잘하고 싶은 게 번역뿐이란 것을 내심 잘 알고 있었다. 그렇게 2017년 11월엔가, 곧 다섯 살과 세 살이 되는 두 아이의 어린이집 합격 소식을 들은 나는 다시 공부하기로 마음먹고 A급 상태로 잘 보관해 둔 CNN 책을 꺼내 들었다. 그때만 해도 나의 최종 목표는 대학원 번역학과 시험지 답안을 채울 수 있는 사람이 되는 거였다. 참 이상하게도 대학원에서 무엇을 배우고 어떻게 공부하는지 궁금하기보다는 그 시험이 던진 '도전 과제' 같은 것이 있었다. 그저 답안을 써낼 실력에만 이른다면 스스로 대견하다고 칭찬해 줄 수 있을 것 같았다.

아이들이 등원을 시작하는 봄이 되기까지는 틈틈이 CNN 뉴스를 읽고 표현을 이해하고 간단하게 번역해 보는 식으로 공부하는 게 다였다. 어서 혼자만의 시간을 갖고 집중해서 공부하고 싶은 마음이 굴뚝을 넘어 연기처럼 피어올랐다. 그리고 3월, 아파트에서 독서실을 열면서, 눅눅한 반지하 독서실에 드나들기 시작했다. 아이들을 보내고 혼자 독서실을 향해 걸어가던 나는 인생이 아직 끝나지 않았네, 하고 혼잣말을 중얼댔다. 중3 때, 고3 때, 대학생 때, 도서관을 향해 공부하러 가던 그 마음이 어딘가에 잠자고 있다가 다시 만나 반갑다며 인사해 주는 기분이었다. 스스로 이제 나이 서른셋의 애 엄마라고만 규정했는데 몹시 낯선 기분이 들었다.

여성들은 아이를 낳고 육아를 시작하면서 사회생활을 이어 갈 기회가 단절되는 경우 짧게는 2년, 길게는 10년까지도 경력의 공백 기간을 마주한다. 번역 아르바이트를 찾아볼 때도 지원자 통계를 보면, 20대 아니면 40대 여성의 비율이 30대 여성보다 훨씬 많았다. 다들 아이 키우느라 정신없을 시기가 30대였다. 나는 이왕 책을 번역할 거라면 40대에 활동하게 되더라도, 조금 더디고 어렵더라도 스스로 읽고 싶고 배우고 싶은 책을 번역하자고 생각했다. 자격증이나 번역가 시험이 없는 상황에서 번역대학원 시험은 꼭 넘고 싶은 어떤 산 같은 존재이자 실력 테스트 같은 의미였다. 공부를 시작하니 그때는 꽃놀이 사진보다 독서실 책상 사진 찍을 때 더 두근거렸다. 텔레비전에서는 연일 북미정상회담 화면이 송출되고 있었다. 트럼프 옆에서 통역하시던 조그마한 체구의 이연향 통역사가 언론의 관심을 받기도 했는데, 아이 둘을 낳고 서른셋에 외대 통번역대학원에 들어갔다는 그분의 이야기는 어두운 광산 입구에 선 내게 여기는 사실 터널 입구라고 말해 주는 듯했다.

이번에는 조금 다른 공부법을 택했다. 직접 번역해 보는 연습을 철저히 하는 것이었다. 통번역대학원 입시 전문학원에서 제공하는 온라인 강의를 들으며 약 40가지 주제에 대해 한영 번역, 즉 영작문을 공부했다. 정치, 경제, 교육, 원자력, 저출산 등 쟁점이 될 만한 다양한 주제를 다룬 짧은 글 40편을 영어로 번역하고 선생님의 모범 답안을 반복해서 학습했다. 어떤 주제에 관해 나오더라도, 어떤 문장 구조로 써야 하더라도 당황하지 않도록 거의 외우다시피 했다. 영어를 읽고 해석하는 게 수동적이라면, 쓰는 것은 굉장히 능동적인 언어 활동이다. 읽을 때는 대충 알아도 이해할 수 있지만, 쓸 때는 정확히 아는 것만 쓸 수 있다. 그때 직접 한영 번역을 해 보면서, 내가 읽을 수 있는 단어와 쓸 수 있는 단어의 수준 차이는 어마어마하다는 것을 깨달았다.

영어의 특성을 자세히 들여다보는 작문 공부는 결국 영어 지문을 더 깊이 읽고 이해하는 데 도움이 되었다. 다른 사람이 쓴 글을 보며 그런가보다, 하고 대충 이해한 적도 많았는데 어떤 의도에서 어떤 표현을 쓰는지 정확히 알게 되니 문장의 의미도 더욱 명확하게 와닿았다. 시험 실전에 대비하기 위해서는 통역학과 구술시험용 기출문제와 번역학과 기출문제를 직접 번역하며 연습했는데, 시험이 다가오는 8월과 9월 두 달 동안은 이대 번역 시험을 대비하는 모의고사 수업에 다녔다. 땀을 뻘뻘 흘리며 버스를 타고 왕복 세 시간에 걸려 강남까지 갔다 오면 아이들이 하원할 시간이었다.

몇 달간 치열하게 공부했어도 모의고사를 보러 가면 자신감이 많이 떨어지리라 생각했다. 하지만 의외로 시험을 준비하던 다른 분들도 모두 모의고사를 어려워하는 것을 보니 희망이 생겼다고 해야 할까? 모두들 선생님이 나눠 준 시험지를 받아들고 한숨부터 내뱉었다. 여기저기서 "헐~"하고 탄식이 들리기도 했고, 시간 안에 다 써서 내는 학생들도 별로 없었다. 나만 어려워하는 게 아닌 듯하여 안도했다. 지난 몇 개월 동안 매일매일 점심도 거르며 집중적으로 공부한 보람이 있었다. 모의고사 시험을 볼 때마다 제대로 다 써내진 못했어도 어쨌든 예전의 나와는 달리 덜 당황하고, 논지를 이해하고, 어떻게든 글을 써 나가고 있었다.

당시 학생들이 돌아가면서 기출문제를 번역하고 그것에 대해 토론하기도 했는데, 내가 제출했던 기출문제 과제를 장 마지막 부분에 첨부했다. 어떤 지문이 출제되는지 관심 있는 독자분들은 참고해 보길 바란다.

날씨가 아주 쌀쌀해진 10월 말, 드디어 시험 날짜가 되었다. 엄마가 새벽부터 나갈 걸 알았는지 밤새 뒤척인 둘째 덕에 잠도 제대로 못 자고 빨갛게 충혈된 눈을 껌벅이며 시험장에 들어갔다. 이대 대학원 교수님으로 계시는 정영목 번역가님이 감독을 들어오셨길래 맨 앞자리에 앉은 나는 그저 신기한 듯 그분을 뚫어져라 보다가 정신을 차렸다. 교수님은 "시험 중간에 시험지를 다 구기고 나가지는 말아 달라"라고 하시며 어떻게든 마지막까지 고민하고 써 보라고 학생들을 격려하셨다. 덕분에 조금 웃다가 긴장이 풀린 나는 손가락 근육을 주무른 다음 지문을 읽고 답안을 써 내려갔다. 50분을 5분같이, 그렇게 두 번을 휘갈겼다. 정신없이 쓰고 나니 시험 시간이 끝나가고 있었다. 시간 안에 답안을 다 채운 것이다. 그러고는 그것으로 되었다며 8년 전의 나와는 달리 가벼운 발걸음으로 학교를 빠져나왔다.

한 달 뒤 합격자 발표가 나던 날, 요가 수업에서 최대한 심호흡을 깊이 내쉬고 집에 돌아온 나는 직접 엔터키를 치고 모니터 화면을 마주할 자신이 없어 남편에게 부탁했다. 카톡 메시지 창에 언뜻 축하한다는 글이 보였다. 그 이후 대략 반 시간을 통곡하듯 소리 내어 울었다. 그 짧은 시간에 8년의 세월이 어찌나 잘도 편집되어 뇌리를 스치던지. 그런데 참 이상했다. 미지의 세계가 펼쳐지리라 기대하며 겨우 터널 반대편에 다다랐는데, 원래 살던 마을과 정확히 똑같이 생긴 마을이 나를 기다리고 있는 게 아닌가! 단지 이번에는 조금 더 험준해 보이는 산을 마주하고 선 기분이 들었다.

어찌 됐든 나는 그렇게 다 끝났다고 생각한 인생 1회차를 다시 맛보게 되었다. 인터내셔널까지는 아니더라도 통번역대학원에 다니며 다시 공부할 수 있겠구나, 생각하니 심장이 벌렁거렸다. 육아에만 전념하는 동안, 사회 활동을 활발히 하거나 통대에 들어간 친구들이 멋진 정장을 입고 자주 꿈에 등장해 내 밤을 초라하게 만들곤 했는데, 이제는 그런 꿈을 꾸는 횟수도 확연히 줄었다. 대신 '빼앗겼다고' 생각한 꿈을 되찾았고, '다이내믹'해진 심정을 주체하지 못해 다시 SNS에 들락거리기 시작했다.

📁 첨부 파일

이대 번역 모의고사 반에 다닐 때 번역해서 제출했던 지문은 이화여자대학교 통역번역대학원 한영전공 번역학과 2010학년도 영한 기출문제다. 원문은 《Marketing Madness: A Survival Guide For A Consumer Society》라는 책에서 발췌된 내용이며, 내가 한 번역은 참고만 해 주시길 바란다(과제로 번역한 거라 시험 때와는 달리 사전을 찾으며 오래 붙들고 번역한 것이다).

문제

Countless ads reinforce insecurity by asking women to view their faces and bodies as an ensemble of discrete parts, each in need of major overhaul. An ad for foundation garments depicts two disembodied backsides and promises "New improved fannies." "If your hair isn't beautiful," warns a shampoo ad, "the rest hardly matters." Another demands to know: "Why aren't your feet as sexy as the rest of you?"

The psychological costs of advertising-induced self-consciousness are difficult to quantify. For most women, they include an endless self-scrutiny that is tiresome at best and paralyzing at worst. As Susan Brownmiller writes in Femininity, her classic treatise on the feminine ideal, "Because she is forced to concentrate on the minutiae of her bodily parts, a woman is never free of self-consciousness. She is never quite satisfied, and never secure, for desperate, unending absorption in the drive for perfect appearance-call it feminine vanity-is the ultimate restriction on freedom of mind."

Men also lose out in a culture dominated by a physical imagery; advertising encourages men to measure their girlfriends and wives against a virtually unattainable ideal, perpetuating frustration among both genders. Wolf says that ads don't sell sex, they sell discontent.

Sexual discontent fuels the engines of the consumer culture. The ideal bodies presented in the ads invite comparison to ourselves and our mates, and in the likely event that the comparison is unfavorable to us, the ads suggest we attain the ideal by buying another product. According to Wolf, "Consumer culture is best supported by markets made up of sexual clones, men who want objects and women who want to be objects, and the object desired ever-changing, disposable, and dictated by the market."

번역

셀 수 없이 많은 광고는 여성들이 자신의 얼굴과 신체를 대대적 수선이 필요한, 각자 따로 노는 앙상블로 인식하게 함으로써 불안을 증폭시킨다. 한 보정 속옷 광고는 몸 전체가 아닌 두 개의 뒷모습만을 보여 주며 "새롭고 더 예뻐진 엉덩이"를 약속한다. 어떤 샴푸 광고는 "아름다운 머릿결 없이는 돋보일 수 없습니다"라고 경고한다. 또 다른 광고는 이렇게 알려 준다: "다 섹시한데 발만 섹시하지 말란 법 없잖아요?"

광고가 초래한 자기인식의 심리적 손실은 수량화하기 어렵다. 대부분 여성에게 그러한 심리적 손실은 좋게 말해 피곤하고, 최악의 경우 자신을 무력하게 만들어 버리는 끝없는 자기비판이란 형태로 나타난다. 수잔 브라운밀러는 여성의 이상에 관해 쓴 대표적 논문 〈여성성 Feminity〉에서 "여성들은 신체 여기저기에 관심을 가지느라 자기인식에서 결코 자유로울 수 없다. 그리고 완벽한 외모를 향한 필사적이고 끝없는 집착으로 인해 조금도 만족하지 못하고 불안해한다. 이는 여성의 허영심으로, 결국 이로 인해 마음의 자유가 제한된다"라고 말한다.

남성들 또한 어떤 육체적 형상이 지배하는 문화 속에서 심리적 손실을 입고 있다. 광고는 남성들이 자신의 연인이나 부인을 현실에서 찾을 수 없는 이상적인 모습과 비교하게 한다. 이는 남성과 여성 모두에게 영원한 좌절감을 안긴다. 울프는 광고들이 성을 파는 것이 아니라 불만족을 판다고 말한다.

성적 불만족은 소비자 문화의 엔진에 기름을 붓는다. 광고에서 보여 주는 이상적인 육체는 우리 자신과 친구를 비교하게 하고, 그러한 비교에서 우위를 차지하지 못한 경우 또 다른 제품을 구매해서 이상에 도달해야 한다고 광고들은 부추긴다. 울프의 설명에 따르면, "소비자 문화는 욕망의 대상이 필요한 남성들과 그러한 대상이길 자처하는 여성들, 즉 성적 복제물과 끊임없이 변하고, 버려지고, 시장에 의해 좌우되는 바로 그 대상으로 이뤄진 시장이 강력히 뒷받침해 주고 있다."

4장

샘플 번역에서 배운 것

외서 출판에서 가장 중요한 것은 어쨌든 번역의 퀄리티이기 때문이다. 따라서 출판 번역가는 샘플 번역을 허투루 해서는 안 된다. 마지막까지 세심하게 살피며 교정을 마무리 지어야 한다.

- 번역가 김택규, 《번역가 K가 사는 법》(더라인북스, 2020) 중

얇은 전자책이라도 한 권 번역해 보았기 때문일까? 대학원 시험을 치고 나서 규모가 좀 큰 편인 출판 번역 에이전시에 이력서를 넣었는데 예상보다 빨리 샘플 의뢰가 들어왔다. 외서 검토서를 몇 번 썼을 뿐인데 제법 이르게 기회가 와서 다행이기도 했고 놀라기도 했다. 앞서 약 1년 동안 대학원 시험 대비 영한 번역과 한영 번역을 꾸준히 연습했고, 그렇게 어려워 보이던 텍스트들도 웬만큼 읽고 이해하고 번역한 경험치가 쌓여서 자신감이 생긴 참이었다. 에이전시에서 의뢰한 검토서를 쓰는 과정에서 원서에 대한 부담감도 조금은 줄었다.

결론부터 말하면 2018년 12월부터 2019년 2월 말까지 샘플에 도전한 이후로 연달아 일곱 번을 떨어졌다! 3개월이라는 짧다면 짧은, 길다면 긴 기간 동안 대학원 입학을 앞두고 좌절, 좌절, 좌절의 연속이었다. 분명 시험을 치르는 자세로 한 문장 한 문장 정확히 해석해서 꼼꼼하게 번역했는데 계속 떨어졌다. 연달아 네댓 번 떨어지니 에이전시 담당자도 조금 민망한 눈치였다. '잘하셨는데, 아쉽습니다.', '일정을 조정해 볼 테니 연달아 두 개를 해 보세요.' 속상할 나를 위해 중간중간 검토서 일을 주시며 배려를 많이 해 주셨다.

어떻게 보면 도서 번역 경력이 없는 (에이전시에 이력서를 넣을 때는 나의 은밀한 데뷔작을 적극적으로 활용하긴 했다) 나의 가능성을 믿어 주고 샘플 기회를 줘서 감사하면서도, 매번 최선의 결과물이라고 생각하고 제출했는데 떨어지기만 하니까 이상한 의구심이 들기도 했다. '나는 들러리인가?', '에이전시 샘플 경쟁 시스템을 유지하기 위해 이용되는 부품인가?', '역자를 선정할 때마다 어떤 입김이 작용하는가?' 같은 생각이 이어졌다. 샘플 번역을 할 때마다 '이 정도면 뽑히겠다'라고 감이 오는 순간까지 고심하고 수정한 후 제출하기 때문에 덜컥 탈락해 버리면 굉장히 김이 빠지고 좌절감이 들 수밖에 없다.

내가 떨어지면 합격한 역자의 결과물을 메일로 보내 주셨는데,

우선 나는 해당 번역가의 역서와 프로필부터 검색하고 나의 약력과 비교부터 했다. 정작 뭐가 중요한지는 모르고 말이다. 경쟁 상대들은 대부분 경력이 얼마 안 되는 번역가였지만 그래도 아직 '정식' 데뷔를 하지 못한 나에 비해 한두 권이라도 역서가 있었고, 애먼 학벌을 비교하면서 그런 걸 핑계로 억울해하기도 했다. 대학원 합격 발표가 난 뒤에는 대학원 입학이 이력에 추가되면 득이 되지 않을까 싶은 희망에 그 소식을 전했지만, 담당자의 반응은 한마디로 '안물안궁'이었다. 출판사에서는 샘플과 역서 경력만 본다는 것이었다. 실력이 전부라는 말과 같았다.

번역가는 정말 아무나 되는 게 아니라는 생각이 들기 시작했다. 너무 허황된 목표인지, 실력이 한참 부족한 건지, 괴로운 감정들로 가득 찼다. 하지만 합격한 분들의 결과물을 보면 수긍이 되면서도 꼭 그렇지도 않은 경우도 있었다. 심지어 한 번은 배알이 뒤틀려서 상대의 오역을 지적하는 메일을 보내 호소한 적도 있었다. 내가 떨어진 이유를 전혀 알려 주지 않으니 더 갈피를 잡지 못했던 것 같다.

토씨 하나라도 고치는 기술

그런데 샘플 탈락을 여러 차례 경험하며 다른 분들의 번역과 내 번역을 비교하다 보니 한 가지 '기술'이라고 할 만한 게 눈에 들어왔다. 그동안 나는 번역 시험을 보듯 원문의 한 문장에 해당하는 우리글 한 문장을 옮겨 내는 데 집중해서 정확하고 꼼꼼하게 번역했는데, 합격한 번역가들의 결과물은 마치 처음부터 우리말로 쓴 것처럼 원문과는 조금 달랐다는 점이다. 여기서 원문과 달랐다는 말은 어떻게 들으면 굉장히 심각한 상황으로 비칠 수도 있겠다. 하지만 두 글이 달라 보인다는 건 원문을 꼼꼼히 읽은 내 눈에나 보이는 것이지 틀린 게 아니었다. 단지 결과물에 원문의 흔적이 거의 남아 있지 않고 새롭게 쓰인 우리글 같았다는 의미다.

한 단어, 한 구문을 모두 꼼꼼하게 그대로 옮겨야만 출판사에서 점수를 매기듯 비교하고 채점해서 역자를 선택하는 줄 알았는데, 아니었다. 출판사에서 샘플을 볼 때는 원문과 일대일로 비교하며 채점을 하는 게 아니라, 한국어로 번역된 글만 읽었을 때도 글이 아주 자연스럽게 읽히면서 저자가 하고자 하는 말이 명확하게 드러나는지를 중점으로 본다는 사실을 깨닫는 순간이었다. 샘플을 제출하기 전에는 객관적인 독자의 관점에서 텍스트를 마주한다고 가정하고 번역된 글이 깔끔하고 의미가 제대로 전달되는가를 따져 보길 바란다. 언제나 마지막 순간에는 번역자의 눈이 아닌 편집자의 눈, 혹은 독자의 눈으로 글을 읽어 보아야 한다. 이 작업은 샘플뿐만 아니라 책 한 권을 다 번역하고 나서 퇴고할 때도 필수적인 과정이다.

그리고 또 한 가지, 샘플 번역을 해서 제출하고 나면 에이전시에서 출판사로 샘플 최종본을 보내기 전에 오역이나 어색한 부분, 혹은 의문이 가는 문장을 표시해서 확인해 달라며 연락을 줄 때가 있다. 교정·교열을 담당하는 분이 원문과 비교해서, 혹은 두세 개의 샘플을 서로 비교해서 수정이 필요해 보이는 부분에 표시하고 번역가에게 확인을 요청하는 과정이다. 오역이 아닌 이상 번역에는 정답이라 할 만한 것이 없지만, 혹시 모르니 확인해 보라고 최종 점검을 의뢰하는 것이다.

샘플을 번역하며 읽고 고치고 또 고치는 동안 차곡차곡 자신감을 쌓은 입장에서는 뭐가 잘못되었다고 표시한 부분을 받아들면 얼굴이 화끈거리기도 하지만 의아하기도 하다. 그제야 눈에 들어오는 오역을 보며 아뿔싸 싶다가도, 여기 대체 왜 표시를 한 건지 이해가 안 가는 부분도 있다. 초반에는 '내가 한 게 맞아요. 담당자님이 잘못 이해했거나, 상대 샘플이 이상한 겁니다'라는 마인드로 불안감을 애써 외면하며 되돌려 보냈다. 그러나 다시 생각해 보니 그건 '내가 읽을 때 어색하니 일단 어떻게든 고쳐 봐'라며 기회를 주는 거였다. 내 눈에 아무리 자연스러워도 누군가의 의견이 그렇다면, 그게 독자의 눈이라면, '토씨 하나라도' 바꿔서 내자고 마음을 고쳐먹게 되었다.

책과 나의 시절 인연

3월로 넘어가기 직전 여덟 번째 샘플 의뢰가 들어왔다. 곧 대학원 입학을 앞두고 있던 나는 욕심을 조금 내려놓은 상태였다. 입학 전에 샘플이 통과해 바로 번역을 시작하면 얼마나 좋을까마는, 아직은 때가 아닌가 보다 싶었다. 그동안의 샘플이 주로 자기 계발서였던 데 비해, 어쩐 일인지 이번에는 브랜딩을 전문적으로 다룬 책이 들어왔다. 샘플 번역 부분은 브랜딩의 역사를 다룬 인문학적인 요소가 가미된 내용이었는데, 무엇보다도 지금까지 받았던 다른 샘플보다 내용 자체가 너무 흥미로웠다. 이건 꼭 내가 번역하고 싶다는 간절함에 이번이 마지막이라는 절박함이 더해졌다.

원서의 PDF 파일에서 샘플 부분을 출력해서 읽고 또 읽었다. 조금이라도 잘못된 해석이 없도록 아는 단어도 체크, 또 체크. 의미가 정확히 와닿지 않거나 어떤 표현을 써서 번역할지 고민되는 부분은 꿈에서도 나올 정도로 온통 샘플 생각에 사로잡혀 며칠을 보냈다. 예스24에서 만드는 잡지에 실린 인터뷰*에서 양윤옥 번역가는 이렇게 말했다. "정말로 꿈을 꿔요. 딱 맞는 우리말을 내놓아라, 안 그러면 구워 먹겠다~" 샘플을 제출하기까지 번역한 걸 거의 30번은 읽으면서 고친 것 같다. 보통 샘플 기한이 사나흘 정도 주어지는데, 제출하는 순간까지 의심을 놓지 않으며 다시 살폈고, 독자의 눈이 되어 원문을 최대한 떠올리지 않고 읽으면서 다듬고 또 다듬었다.

일곱 번 떨어진 다음, 마침내 여덟 번째 샘플로 번역을 맡게 되었다. 과연 칠전팔기의 버티기였다(당시 샘플 번역의 일부를 뒤에 첨부했으니 참고해 보길 바란다). 그때의 합격을 시작으로 이어진 여정을 돌아보면 합격-합격-탈락-탈락-합격-합격-합격-합격-합격-합격-탈락-합격-합격-합격-합격. 어느덧 스무 번 넘게 샘플 번역을 했다. 초반에는 열심히 한 샘플이 또 떨어지면 어쩌나 하는 부담이 커서 '샘플 없이 일을 맡기면 좀 좋아?'라고 생각한 적도 있었다. 하지만 두

---

* 〈월간 채널예스〉 2017년 7월호 수록

어 군데 출판사와 직거래를 하게 된 지금, 계약서를 쓴 이후라도 샘플을 먼저 보내거나, 계약 전에 '일단 샘플 먼저 해도 될까요?'라고 제안한다. 샘플을 해야 나도 미리 책을 보고, 출판사도 내 번역을 보고, 이렇게 서로 1차 신뢰를 쌓는 매우 유의미한 과정을 거치게 된다. 책을 만드는 것도 다 사람이 하는 일인데, 먼저 궁합부터 보면 좋지 않겠는가.

꼭 책의 내용이나 번역 스타일만의 문제는 아니다. 마치 간을 보듯 샘플을 번역해 보라고 하고, 외서 수입 진행을 흐지부지 중단해 버린 출판사를 만났을 땐 몇 달을 목이 빠지게 기다린 적도 있었다. 번역료와 기간을 다 논의해 놓고 그제야 외서를 출간할지 말지 갈팡질팡하던 그곳과는 앞으로 함께 일하고 싶다는 생각이 싹 사라졌다. 나와는 궁합이 안 맞았던 것이다. 업체도 번역가를 선택할 수 있지만, 프리랜서인 번역가도 거래처를 선택할 권리가 있으니 '버림받았다'는 생각은 버리기로 했다.

사람이건 책이건 어느 정도는 인연이라는 게 존재한다고 믿는다. 샘플이 100퍼센트 붙을 거라고 확신했는데도 떨어지면, 혹은 내가 번역을 하게 될 줄 알았는데 일이 예상대로 진행이 안 되면, 아직 때가 아니고 인연이 아니라고 생각하는 게 속 편하다. 당장은 이해가 안 되어도 시간이 지나면서 자연스레 깨달아지는 것들이 있잖은가? 중요한 건 최선의 결과물을 냈는가, 지난번보다 발전했는가, 하는 것일 테다. 샘플이 떨어지면 얼마나 속상한지 잘 안다. 특히 사나흘을 온통 샘플 생각에 밤잠까지 설쳤다면 그 허무함과 아쉬움은 이루 말할 길이 없고, 자신감이 떨어지면서 의구심도 올라오기 마련이다. 그래도 너무 좌절하지 말고 조금 더 나은 실패를 차근차근 밟으며 나아가시길!

"Ever tried. Ever failed. No matter. Try again. Fail again. Fail better."

시도했고, 실패했다. 괜찮다. 또 시도하고 또 실패하자. 더 나은 실패를 해 보자. - 새뮤얼 베케트 Samuel Beckett

📁 첨부 파일

유엑스리뷰 출판사가 《스타트업 브랜딩의 기술》이라는 제목으로 출간한 《Brand the Change》의 샘플 번역이다. 이 샘플 덕분에 처음으로 책 번역을 맡게 되었다.

원문

1: Branding proclaims allegiance.
2: Branding advances your reputation.

Branding is an inherent human practice of all ages and all cultures, a way of showing who you are and what you stand for.

For ages, artists have signed their work in order to build their reputations. Silver and goldsmiths have developed marks of quality to instil trust. Knights and warriors were clad in the colours and symbols of their houses or tribes, proclaiming their
allegiances, distinguishing them from the enemy, and advancing their reputations. The actual word 'branding' derives from the branding of cattle in the United States in the 19th century to show and prove ownership.

Branding as we know it today came of age during the Industrial Revolution. Large-scale production and faster logistics meant that the distance between producer and consumer grew.

3: Branding makes you stand out from the crowd.
4: Branding shows ownership.

Word-of-mouth was no longer effective as a single tool for spreading a reputation. Especially for food, the safety and quality of products was a big question mark. Creating more recognisable identities for their products helped manufacturers build trust and loyalty.

By the mid-20th century, most manufacturers could no longer compete based purely on quality, as most goods on the market were roughly the same. So manufacturers had to develop another differentiating factor to make products stand out on the store shelf, a more emotional appeal, and advertising, marketing and branding came into their own. Today, branding is used by individuals, governments, activists, movements, political parties, products, services, scientists and celebrities
to help guide people how to think and feel about them.

There have been a lot of books written on branding, and experts can argue about its exact definition until they are blue in the face. For the purpose of this book, we are defining branding as directing how other people think and feel about you.

Your brand is a catalyst that drives everything you do, from your actions to your communications, from your HR policy to choosing a new location for your office. Through your actions people will (unconsciously) build an archive of associations of your brand. By being aware of what you want to be recognised for by others and designing the right actions and communications which will build that recognition, you can actively guide how other people think and feel about you.

'A brand is a person's gut feeling about a product, service or company. A brand is not what you say it is, it is what they say it is.' —Marty Neumeier, author

'Brands exist in the minds of the people who interact with them.' —Brian Collins, creative director

샘플 번역

그림1: 기사들은 브랜딩을 통해 충성을 표했다.
그림2: 브랜딩은 명성을 드높여 주기도 한다.

브랜딩은 전 세대와 문화에 걸쳐 행해진 인간 고유의 활동으로, 나는 누구인지, 그리고 어떤 사람인지를 보여 주는 방식이다.

오래전부터 예술가들은 작품에 서명을 남겨서 이름을 알렸다. 금과 은 세공사들은 소비자가 신뢰할 수 있도록 품질 마크를 찍는 방법을 고안해 냈다. 기사와 전사들은 자신들의 성읍과 부족을 상징하는 색상과 무늬를 그려 넣은 의복을 만들어 입고 충성을 표했으며, 적들과 자신을 구별하고 명성을 드높였다. '브랜딩'이란 말 자체의 어원은 소에 낙인을 찍어 소유권을 드러내고 증명하던 19세기 미국으로 거슬러 올라간다.

오늘날 우리가 알고 있는 브랜딩이라는 말의 의미는 산업혁명 당시에 형성된 것이다. 제품의 생산 규모가 커지고 물류의 이동이 빨라지면서 생산자와 소비자의 물리적 거리는 멀어졌다.

그림3: 브랜딩으로 다른 상품들 틈에서 돋보일 수 있다.
그림4: 브랜딩은 소유를 증명하던 방식이었다.

입소문만을 통해 인지도를 올리기에는 이제 무리가 있었다. 특히 먹거리의 경우 소비자들은 제품의 안전성과 품질에 의문을 품었다. 제조업자들은 구매자의 신뢰를 얻고 고객의 충성도를 높이기 위해 제품의 독자적인 인지도를 높여야만 했다.

20세기 중반에 이르자 제조업자들은 더 이상 품질만으로 경쟁할 수가 없었다. 시장에 나온 상품들이 대부분 거기서 거기였기 때문이다. 따라서 제조업자들은 자신들이 만든 제품이 가게 선반에서 돋보이게 할 만한 차별화된 요소를 고안해 내야 했다. 소비자의 감성에 호소하는 방식의 광고, 마케팅, 그리고 브랜딩이 진가를 발휘하기 시작했다. 오늘날에는 개인뿐 아니라, 정부, 활동가, 조직적인 운동, 정치 정당, 제품, 서비스, 과학자, 그리고 유명 인사들도 브랜딩을 활용해 대중에게 자신에 대한 인식을 심어 주고 특정 느낌을 끌어내기 위해 노력한다.

그동안 브랜딩에 관해 다룬 책은 수없이 많이 나왔다. 그러나 전문가들이 얼굴이 창백해지도록 브랜딩의 정확한 의미를 논해 본들 결론에 도달하지는 못할 것이다. 이 책에서는 다른 사람들이 나에 대해 어떻게 생각하고 느낄지 그 방향을 안내하는 일을 브랜딩이라고 정의함으로써 목적을 달성하려 한다.

브랜드는 우리가 하는 모든 일을 추진케 하는 기폭제와 같다. 모든 업무와 의사소통 방식, 인사 정책부터 시작해서 새롭게 여는 사무실의 위치를 고르는 일까지 브랜드에 맞게 추진하게 된다. 사람들은 그러한 일련의 활동을 보며 (무의식적으로) 브랜드와 연결지어 인식하고 기억 보관소에 저장한다. 다른 이들이 나를 어떻게 인식해 주면 좋겠다 하는 생각이 뚜렷하고, 그렇게 인식되기 위해 알맞은 행동과 의사소통을 한다면 나에 대한 타인의 생각에 적극적으로 개입할 수 있을 것이다.

'브랜드란 누군가가 한 제품이나 서비스, 혹은 어떤 기업에 관해 느끼는 직감과 같은 것이다. 당신의 설명이 아닌 사람들의 평가가 곧 브랜드가 된다.' - 작가, 마티 뉴마이어

'브랜드는 그것을 경험한 사람들의 마음속에 자리잡는다.'
- 크리에이티브 디렉터, 브라이언 콜린스

5장

책으로

나
올

때까진

끝난

게

아니다

좀 알 것 같다는 말은

여전히 모른다는 말과 동의어다. (…)

대충 이해하여 대충 옮긴 번역을

대충 읽고 대충 해석하면

저자와 독자 사이의 거리는

대충 얼마나 멀어질까?

— 번역가 이강룡, 《번역자를 위한 우리말 공부》(유유, 2014) 중

드디어 샘플이 통과되어 공식적으로 첫 번역을 의뢰받게 되었다. 계약서를 우편으로 주고받아도 되지만, 그동안 메일로 격려의 말씀을 많이 해 주셨던 에이전시 담당자를 직접 찾아뵙고 이것저것 여쭤도 볼 겸 경기도에서 버스를 타고 합정 부근의 사무실로 찾아갔다. 4년 전쯤 아기를 데리고 에이전시를 두 번 오갔던 씁쓸한 기억이 떠오르면서도 이번만큼은 뭔가 다르리라는 기대감에 조금 들떠 있었다. 들고 갈 것도 없고 돌아올 때도 고작 A4용지 두세 장 정도의 계약서만 넣어 올 텐데, '번역가용 가방'이라 이름 붙인 가죽 서류 가방을 들고 '번역가용' 가죽 로퍼도 신었다. 내가 지금 번역 계약서에 서명하러 가는 중이라는 사실을 버스 정류장에서든 길에서든 누군가 알아봐 주길 바라면서. 당연히 아무도 관심이 없으니 혼자 셀카를 찍어서 SNS에 올리는 수밖에 해소 방법이 없었지만.

샘플을 맡겨 준 에이전시 담당자는 현재 활발히 활동 중인 여러 번역가의 사례를 들려주며 첫 시작을 응원해 주셨다. 하지만 설렘은 잠시, 집에 돌아와 본격적으로 번역 일정을 짜기 시작한 나는 샘플 분량이 아닌 원서 전체의 분량을 들추며 마음이 짓눌리기 시작했다. 총 200페이지가 조금 넘는 책에 그림이 꽤 있었음에도 글씨가 깨알 같아서 페이지가 술술 넘어가지 않았다. 샘플 두세 장을 번역할 때도 몇 시간이 걸렸는데, 하루 예닐곱 장을 날마다 번역해서 진도를 맞추려면 얼마나 빠른 속도로 해야 하는지 잘 가늠이 되지 않았다. 심지어 초반에는 서문 한 장 읽고, 해석하고, 검색하고, 번역까지 다 하니까 벌써 아이들 하원 시간이 되어 버려서 뒤에 남은 페이지를 보면 숨이 턱턱 막힐 지경에 이르기도 했다. 불안을 덜기 위해서는 틈만 나면 책상에 앉는 수밖에 없었다. 아이들 밥 차려 주고 와서 앉고, 설거지하고 앉고, 재우고 또 앉고…

지금 다시 해 보라고 하면 금방 할 수 있을 것 같은데, 그때는 처음이라 그런지 '진짜 책으로 나올' 번역의 톤을 어떻게 잡아야 하는지, 처음부터 아주 자연스럽고 깔끔한 문장으로 번역하는 데 온 신경을 곤두세웠다. 그러니 고민하는 시간이 너무 길어지고 번역 과정이 오래 걸릴 수밖에 없었다. 하루에 여섯 페이지를 번역하기로 계획을 세웠는데, 실컷 하고 나니까 겨우 한 장이 끝났을 때의 기분이란… 아마 한 번도 가 보지 않은 길에 대한 막막함에다 계약이라는 약속이 주는 책임감의 무게가 더해졌던 것 같다. '더 늦기 전에 포기할까?', '여기서 관둔다고 연락할까?' 고백하건대, 처음 2주 동안 날마다 이런 고민에 빠져서 이도 저도 아닌 시간만 낭비했다.

번역을 전문으로 하는 기술자

첫 책은 마케팅 분야에서도 브랜딩이라는 주제를 중점적으로 다루는 책으로, 브랜딩 전문가인 저자의 경험과 여러 브랜딩 사례, 그리고 실용적인 툴을 소개하는 내용이 주를 이뤘다. 이렇듯 정보를 전달하는 책들은 해당 분야의 전문가가 번역하면 아주 좋겠지만, 대상 독자가 전문가가 아닌 일반인이라면 나처럼 번역을 전문으로 하는 '일반' 번역가도 충분히 읽고 검색해 가며 번역할 수 있다. 다만 기존에 이미 사용되는 용어나 표현 등을 일일이 확인하면서 번역해야 하므로 검색량이 만만찮을 수는 있다. 저자가 어떤 정보를 주려고 하는지 잘 이해되지 않으면 그 내용의 배경지식을 찾아서 읽어 보고 저자가 하려는 말을 정확히 이해한 다음에 한국어로 옮겨야 한다. 내가 읽었을 때 혼란스러운데, 단지 있는 그대로 옮겨 놓기만 하고 한국 독자가 알아서 이해하도록 맡기는 것은 무성의하고도 책임감 없는 번역 태도라고 생각한다. 의미를 잘 모를 때마다 '적혀 있는 그대로 번역하면 되겠지'라고 타협한다면 번역가의 자질에 비상등이 깜빡일 것이다.

이런 상황에서 무성의하게 직역한 문장을 보고 독자들은 '번역이 어색하다, 읽어도 무슨 말인지 모르겠다'라고 평가하는 것 같다. 번역가가 과연 원문을 이해하고 쓴 문장인지, 그냥 기계적으로 번역해 놓은 건지 의심이 가는 대목이다. 기계적으로 번역하지 않는 유용한 방법 중 하나는 저자가 설명하거나 묘사하는 그 제품을, 영상을, 광고를 일일이 찾아보는 것이다. 언어라는 것은 촘촘하지 못하고 성글어서 그 사이사이의 빈틈은 앞뒤 맥락과 독자의 상상력 등으로 채워진다. 일례로 미국 외식업체 치폴레^{Chipotle}의 브랜딩 사례를 소개하는 내용에 "They tell the story of redesigning the food industry using heartwarming and endearing animations in which farmers and scarecrows look at the industrial food complex and decide to go back to real farming…"라는 문장이 있었다. 문장만 읽고 애니메이션을 상상하며 번역하는 것과 그 애니메이션을 직접 찾아보고 번역하는 데에는 분명 차이가 생긴다. 이 문장은 너무 간단해서 있는 그대로 번역해도 문제가 될 것이 없겠지만, 나의 경우 찾아진다면 뭐든 다 찾아보고 번역하는 편이다. 독자로서 어떤 장면을 떠올리건 그것은 자유지만, 번역가는 가능한 한 저자의 머릿속에 있는 장면을 번역해야 하니까. 실제로 이 브랜딩 책을 번역하면서 광고나 제품 사진을 찾아보는 과정을 아주 많이 거쳤다. 나오는 것마다 다 찾아보고 눈으로 직접 확인한 뒤 번역해야 안심이 되었고, 동시에 무한한 인터넷 세계에 경의를 표하게 되었다. 아래 문단은 많이들 아는 코스메틱 브랜드 러쉬LUSH의 브랜딩에 관한 내용이다. 원문과 번역문을 보면서 번역할 때 유념했던 사항 몇 가지를 짚어 보도록 하겠다. 여러분이 영한 번역가를 지망한다면 원문을 직접 번역해 본 다음, 설명을 보면서 몇 가지 사항을 함께 점검해 봐도 좋을 것이다.

원문

BRAND IDENTITY: BOLD AND BUBBLY
The name Lush came out of a customer competition, and its connotations of being fresh, green and abundant fit the company [2]like a glove. Their campaigning personality shines through in their bold [3]identity: [1]black and white combine with large, handwritten chalk typography. The black-and-white type is used on protest

signs and price signs alike. It's all about contrast: for every bold outspoken word or shape there is a bubbly, colorful, optimistic photo or sentence. Lush is made for visual communication: the scent and texture of their products cannot be transferred to photography, but their colorful, bubbly, muddy and glittery aspects can: [1]hands dripping in green mud, fingers soaking in pink and blue bubbles and chunks of buttery soap on a stack. Like modern food photography, the images feature Lush products tossed, broken and re-arranged for the most mouthwatering effect. Their campaigns for animal rights or against nuclear arms are equally visual, for example employees have dressed up like foxes in cages and posed in the shop window to protest hunting practices.

번역문

브랜드 아이덴티티: 볼드체와 거품

러쉬라는 이름은 소비자의 제안을 통해 선정되었고, 러쉬가 의미하는 신선함, 푸르름, 그리고 풍족함은 이 기업과 [2]찰떡같이 들어맞는다. 그리고 러쉬가 사용하는 볼드체는 캠페인을 의도한 브랜드의 핵심을 잘 표현해 준다. [1]검은색 바탕에 굵은 하얀색 분필로 쓴 듯한 손글씨가 러쉬의 [3]아이덴티티가 되었다. 이들은 캠페인뿐 아니라 가격표에도 검은색 바탕에 하얀 볼드체를 사용한다. 이 모두는 대조 효과를 주기 위한 전략으로, 과감한 형태로 쓰인 모든 문구나 가격 옆에는 항상 알록달록 거품 그림이나 낙관적인 문장이 적혀 있다. 러쉬는 시각적 의사소통에 중점을 둔다. 제품의 향기나 질감은 사진으로 담아낼 수 없지만, 알록달록 거품이나 진흙의 느낌, 또는 반짝이는 모습은 사진에 담아낼 수 있다. [1]손에서 녹색 진흙이 뚝뚝 흘러내리는 모습이라든지, 분홍 파랑 거품에 손가락을 담근 모습, 아니면 버터 같이 생긴 비누 덩어리들이 층층이 쌓여 있는 모습 등으로 말이다. 음식 사진으로 침을 고이게 하는 효과를 내듯이, 러쉬도 화장품 재료를 섞거나 비누가 깨어진 사진 등으로 같은 효과를 내고 있다. 동물 권리 보호나 핵무기 반대 캠페인도 시각적 효과에 의존하는데, 예를 들면 직원들이 여우처럼 분장하고 우리 안에 갇혀 있는 모습을 보여 준다든가, 야생 동물 사냥에 반대하는 피켓을 들고 상점 유리 앞에 서 있기도 한다.

우선, 앞서 설명한 것처럼 이 문단에는 시각적 장면을 묘사하는 부분이 여럿 나온다. '[1]black and white'라고 하면 흑백이라는 단어가 먼저 떠오르지만, 러쉬에서 어떤 식으로 상품명과 가격 등을 써 놓는지 이미 알기에 그 이미지를 떠올리며 '검은색 바탕에 굵은 하얀색 분필로 쓴 듯한 손글씨'라고 번역했다. 러쉬의 상품 진열 장면을 본 적이 있거나 사진을 찾아봤다면 원문에 얽매이지 않고 자연스러운 묘사를 하는 데 도움이 된다. 이는 여러 번역 이론에서 다루는 '원문 해석 ⇒ 명확한 이해 ⇒ 우리말로 다시 쓰기'의 번역 과정으로 도식화할 수 있을 것 같다. 원문을 우리말로 '바꿔서' 옮기는 게 아니라, 저자가 말하고자 하는 바를 머리로 이해한 뒤 원문의 외적인 요소를 잊고 우리말로 다시 쓰는 과정, 즉 의미를 옮기는 것이 중요하다는 점을 늘 유념한다. 물론 역자든 독자든 편집자든 저마다 선호하는 방식이 다르고 의견은 다양하지만, 나는 도착어의 독자가 원문의 독자와 최대한 비슷한 감상을 얻고 이미지를 떠올릴 수 있도록 의미를 제대로 옮겨야 한다고 생각한다.

'²Like a glove'라는 표현은 '라텍스 장갑처럼 손에 꼭 들어맞는다'라는 의미로 사용되는데, '찰떡'이라는 표현을 쓰는 것은 번역가의 재량이다. 물론 '장갑처럼'이라고 번역할 사람은 없겠지만, 저자가 장갑에 비유했듯 번역가도 적절한 비유를 활용할 수 있다. '꼭 들어맞는다'라고만 해도 된다. 이건 옳고 그름의 문제가 아닌 번역가의 선택과 전략에 달린 문제다.

이 책의 서문에는 다음과 같은 문장도 있었다. "Chances are, our

video won't go viral, our friends will not share our posts en masse, investors won't be clamouring at the door to get a slice of the pie." 여기서 'get a slice of the pie'라는 표현을 '한몫 챙기려고'라고 번역해야 하는데 '파이 한 조각을 얻어 보려고 문 앞에 줄을 서 기다리는 투자자들도 없을 것이다'라고 번역했음을 이제야 고백한다. '파이' 비유가 너무 자연스럽게 느껴져서 마치 '라텍스 장갑처럼 꼭 들어맞는다'라고 번역하듯 아무런 의심 없이 번역한 셈이다.

출판사가 책 한 권의 번역을 통째로 맡길 때는 번역가의 언어적 능력만이 아닌 그 이상의 무언가를 신뢰해야 한다고 본다. 번역하는 과정에서 역자의 판단력을 믿고 선택권을 주는 것이며, 말하자면 여러 옵션 중 가장 좋은 안을 택해 적절하게 배치하고 전체 내용의 흐름을 완성해 줄 거라는 기대를 품는다는 의미다. 모르는 것도 다 알아서 찾고 해결해야 함은 물론이다. 최종 확인 및 마무리는 편집자가 하겠지만, 그래도 원서를 모두 우리말로 옮기는 권한을 주는 건 아주 큰 칼을 쥐어 주는 것이다. 나는 혼자 일하는 게 좋아서 번역가가 되었어도 너무 혼자라서 가끔 고충이 생길 때가 있다. 지금 번역 중인 원서를 이처럼 치밀하게 뜯어 읽고 온통 관심을 쏟고 있는 사람은 전 세계에 나 하나뿐이어서 그렇다. 어디 물어볼 데도 상의할 데도 없고, 저자에게 묻든 구글에 묻든 네이버에 묻든 다 알아서 해야 한다(이제는 챗GPT가 나의 비서다). 한번은 반려견 훈련 책을 번역하다가 저자가 'aunt'라고 부르는 인물이 고모인지 이모인지 숙모인지 너무 궁금해서 인스타그램으로 DM을 보냈는데, 씹혔다. 자기 책을 번역하는 이방의 번역가라고 반겨 줄 줄 알았는데 팔로워가 너무 많고 DM이 쇄도할 테니 어쩔 수 없었다고 생각했다. 고모인지 이모인지는 별로 중요하지는 않았지만, 아무튼 책 한 권을 옮기다 보면 혼자서 결정해야 할 세세한 사항들이 엄청나게 많다. 그만큼 책 한 권을 짊어진 번역가의 어깨는 무겁다.

'³아이덴티티'는 처음에 '정체성'이라고 번역했었다. 사실 브랜딩 분야의 글을 거의 접해보지 않았던 나는 'visual identity'와 'verbal identity'를 각각 '시각적 정체성', '언어적 정체성'으로 번역한 게 아주 자연스럽게 느껴져서 브랜딩 분야에서 주로 어떻게 쓰이는지 확인하지 않았다. 내 기준에서 판단하고 넘어간 것이다. 하지만 번역을 완료하고 에이전시에서도 수정할 게 없다고 해서 다 끝난 줄 알았는데, 출판사에서 몇 가지 사항을 점검한 뒤 '정체성'을 '아이덴티티'로 모두 수정해 달라고 요청했다. 그 외에도 출판사에서 지적해 준 여러 표현을 수정하면서 특정 분야의 책은 단어 하나도 늘 의심하고 점검하면서 번역해야 '전문가'가 아니라고 욕먹지 않겠구나, 하고 생각했다.

최근 《반려견 행동심리학》이라는 책을 번역할 때는 국내 반려인들이나 애견 숍에서 사용하는 표현을 꼼꼼히 검색하면서 작업했다. 전체 내용을 정확하고 자연스럽게 옮겼다고 해도, 가령 반려견 'food'를 번역할 때 '건식 사료, 습식 간식'이라고 하지 않고 '마른 사료, 수분이 함유된 간식'이라고 마음대로 번역하면 독자들은 '이렇게 안 부르는데, 왜 어색하게 번역했지?'라고 의문을 품을 수 있다. 그러므로 늘 의심하고, 검색하고, 해당 분야에 관심이 많거나 전문가인 지인이 있다면 가능한 한 확인하려고 노력한다. 기관명이나 논문, 책 제목 등, 국내에서 한 번도 번역된 적이 없는 명칭을 번역할 때도 내가 번역한 것이 앞으로도 계속 사용될 수도 있다는 사명감 비슷한 것을 가지고 최대한 정확한 의미를 전달하면서 한국어 표현으로 어색하지 않게 번역하려고 신경 쓰고 있다.

색과 질감이 다른 토양으로

번역하다 보면 번역이라는 행위에 의미를 부여할 때가 많은데(가끔 힘들 때는 그런 의미 부여가 위안이 된다), 책의 첫 문장부터 마지막 문장까지 모두 번역하노라면 한 문장 한 문장 옮기는 것이 나무 심기와 비슷하다는 느낌이 든다. 하지만 번역가의 목표는 나무만 다 옮겨 심는 게 아니고 전체 숲을 옮기는 것일 테다. 원저자의 토양에서 국내 독자의 토양으로 한 그루 한 그루 옮겨 심은 나무들이 모여 숲이 탄생하니까. 번역가는 나무를 각자의 자리로 옮겨 심은 뒤, 오솔길이 난 방향, 햇살이 드는 각도, 양지바른 곳의 벤치, 그리고 나무의 위치와 이름표도 모두 점검하며 구석구석 돌아다닌다. 흙의 색과 질감은 조금 다를지 몰라도 조팝나무가, 개암나무가, 깽깽이풀이 이름표를 제대로 달고 있는지, 단단하게 잘 심겼는지 확인하는 것도 번역가의 몫이다.

이토록 정성껏 옮긴 숲이 개장하는 날은 역서가 출간되는 날이다. 금세 출간되는 책도 있지만 마감한 지 1년이 지나고서야 출간되는 책도 있다. 내가 처음 번역한 책은 마감하고 약 1년 뒤에 세상에 나왔다. 아이러니하게도, 많은 독자가 봐 주길 바라면서도 동시에 누가 볼까 조마조마한 심정이었다. 왠지 책을 펼치면 오타부터 눈에 들어올 거 같고, 괜히 비문이 읽힐 거 같고. 그래서 바로 펼치지는 못했다. 역자 프로필만 오타 없이 잘 실렸는지 확인하고, 사진 찍고, 책장에 꽂아 두었다. 지금은 한결 여유로운 마음으로 그때그때 궁금한 부분을 찾아 읽기도 하지만, 옮긴이의 마음이란 그런 것 같다. 칭찬까지는 바라지 않더라도 나의 실수로 저자의 책에, 혹은 출판사에 누가 되는 일은 없길 바라는 마음. 출간된 역서가 한 권, 두 권 늘어 갈수록 자신감의 크기가 줄어드는 건 아마도 그 때문인 듯하다.

6장 번역은 살아 보는 거야

나는 번역 과정에서 이런 신비한 느낌이 들었다.

원저자 가보는 이미 스페인어 뒤에다

영어 단어들을 숨겨놓고 있었는데,

내가 한 일이라고는 그 영어 단어들을

밖으로 이끌어 낸 것뿐이었다.

- 번역가 그레고리 라바사, 《번역을 위한 변명》

(세종서적, 2017, 이종인 옮김) 중

얼마 전 아이 유치원 행사가 있어 다른 엄마들 열댓 명과 대기실에 둘러앉아 있다가 조금 당황스러운 대화를 나눈 적이 있다. 처음에는 한두 분이 영어 공부 이야기를 꺼내기 시작했다. 어떤 학원이 좋다, 어디가 회화를 잘 가르친다, 같은 평범한 이야기였다. 그때 내가 번역하는 걸 아시던 한 분이 파파고를 아냐고 내게 물었다. 그러면서 한다는 말이, 번역할 때 시간을 아끼려면 파파고한테 번역을 다 맡기고 결과물을 다듬기만 하면 된다고 했다. 요즘은 인공지능^{AI}이 너무 발달해서 영어 공부할 필요도 없겠더라는 말씀을 덧붙이면서. 나는 "구글 번역기가 조금 더 좋을 거예요"라고 답한 뒤 더는 아무 말 않고 입을 꾹 닫았지만, 가끔 머리카락 쥐어뜯으며 번역하는 사람으로서 (소심하게스리) 정말 속상했다. 다른 분들은 그 대화에 별로 관심도 없었고, "아 그런 것도 있어요? 편하겠네~" 하는 정도로 마무리되었지만 말이다.

몇 년 전부터 인터넷에 번역에 관련된 기사가 떴다 하면 대부분 'AI의 비약적인 발전으로 사라질 위기에 처한 직업'이라는 주제와 연관되어 있었다. 번역이 얼마나 기계적인 일이길래 AI가 대체할 직업이라는 말만 나왔다 하면 번역가가 단골로 등장하는 걸까? 그러던 와중 2017년 2월, 국제통역번역협회와 세종대가 주최한 '인간 대 AI 번역 대결'이 펼쳐졌다. 2016년에 알파고가 이세돌 9단과의 대결에서 4 대 1로 승리하자 인공지능을 향한 관심이 급격히 높아졌고, 미래의 밥그릇을 지켜야 하는 번역가들이 위기감을 느끼고 자발적으로 개최한 대회였다. 만약 이 대결에서도 4 대 1로 완패한다면 더 빨리 밥그릇을 뺏길 텐데, 굳이 자발적으로 대결을 신청한 이유가 무엇일까? 짐작건대, 오랜 기간 번역을 해 본 분들은 인간 번역가의 완승을 예상했기에 많은 이들이 보는 앞에서 그걸 증명하고 싶었으리라.

이 대결은 24.5 대 10의 결과를 내며 인간의 승리로 끝났다. 물론 바둑 경기와는 달리 번역에는 승패의 객관적 기준이 없다. 그러나 이 대결은 인간 번역가의 승리를 증명했고, AI는 인간을 대체하기보다는 유용하게 활용해야 할 협업의 대상이라는 논의로 방향을 전환하는 데 어느 정도 영향을 미쳤다.

나 역시 많은 역서를 낸 것은 아니지만, 책을 읽으면 읽을수록, 번역하면 할수록, AI에는 한계가 있을 수밖에 없다는 점에 더욱 강한 확신이 생긴다. 그래서 앞의 '번역 대결' 주최자들처럼 번역하다 말고 자진해서 번역기에 대결을 신청해 본 적이 몇 번 있었다.

특히 미술과 수영의 역사를 다룬 인문학 서적을 번역하면서, 그리고 문장마다 저자의 개성이 강하게 드러나는 에세이를 번역하면서, 언젠가는 AI한테 밥그릇을 뺏기지 않을까, 하는 두려움보다는 '이건 AI가 절대 못 해. 너희가 해선 안 돼'라는 자신감 비슷한 것이 자리잡았다. 번역을 하다 가끔 너무 난해한 문장이 나오거나 한국어로 어떻게 표현하면 좋을지 오래 고민하게 되는 문장을 마주할 때면, 재미 삼아 번역기를 테스트해 보곤 한다. 속으로 '너는 어떻게 번역하는지 한번 보자'라고 중얼대며 AI가 내놓는 결과를 확인하고 넘어가는 거다.

작가 중에는 깔끔하고 명확하면서도 단순한 문장을 쓰는 사람도 있지만, 그렇지 않은 사람이 더 많은 것 같다. 어떻게든 신선한 문장을 써서 독자 마음속의 현을 튕기려 하고, 가끔은 난해한 문장으로 독자가 잠시 읽기를 멈추고 차근히 사유하게 한다. 그것이 글의 매력이고 힘이며 사람들이 글을 읽고 쓰는 이유가 아닐까? 전 세계 여러 언어로 번역될 가능성까지 염두에 두는 친절한 작가는 모르긴 몰라도 거의 없을 것이다(이제는 꽤 있다고 한다…). 글쓰기라는 창작의 영역에서 자기 모국어의 아름다움을 최대한 드러내려고 하는 것이 모름지기 진정한 작가가 아니겠는가? 특히 문학적인 글을 쓰는 작가들은 더더욱 그럴 것이다.

하지만 작가를 믿지 마세요

최근에 수영과 관련된 매우 총체적이고 흥미로운 역사 이야기를 담은 책*을 번역했다. 깨알 같은 글씨로 된 양장본의 원서가 거의 300페이지에 이르렀고, 글은 또 어찌나 어려운지… 거짓말 안 보태고 머리를 하도 쥐어뜯어서 해석할 때마다 책상 주변으로 머리카락이 눈에 띄게 많이 쌓여 있었다. 모르는 단어가 많이 나와서 해석이 자꾸 막히는 것은 물론 내 문제지만, 특히 역사서를 번역할 때는 검색해야 하는 게 너무 많아서 술술 해석하는 게 어렵다. 특정 시기의 특정 사건을 다루는 내용으로 구성된 책이다 보니 실존 인물과 지명이 계속해서 등장하는데, 지명과 인물을 기존에 어떻게 번역 표

---

* 《헤엄치는 인류》(미래의창, 2021)

기했는지 찾아서 써야 함은 기본이고, 미술 사조 같은 것은 잘 이해가 안 가는 부분이 있으니 일일이 찾아서 공부도 해야 한다. 저자가 책에서 소개한 사건의 발생 시기와 장소 등이 정확한지 확인하는 것도 번역가의 몫이다.

일례로 수영 역사책을 번역할 때 잘못된 정보를 확인해 바로잡은 적이 있다. 세계적인 수영 선수들이 받았던 상금 이야기를 다루는 챕터에서 다음과 같은 정보가 등장했다. "Back in April 2019, Australian swimmer Cate Campbell pocketed $37,000 in a single weekend at an invitation-only FINA event in China." 여기서는 수영 선수의 이름만 정확히 어떻게 표기하는지 검색하면 번역하는 데 어려움이 없다. 그러나 늘 하던 대로 2019년도 4월에 중국에서 세계 수영 선수권 대회가 열렸는지 확인했다. 하지만 2019년도에 세계 수영 선수권 대회가 열린 곳은 대한민국 광주였고, 개최된 달도 4월이 아닌 7월이었다. 아마 저자가 광주 Gwangju를 광저우 Guangzhou로 착각하고 중국이라고 쓴 게 아닐까 조심스레 추측해 보았다. 설마 대한민국의 존재를 모르는 것은 아닐 테고(아니겠지, 아닐 거야). 그래서 번역은 "2019년 7월, 호주 수영 선수 케이트 캠벨 Cate Campbell 은 대한민국에서 개최된 세계 수영 선수권 대회에서…"라고 했다. 원서를 출판한 출판사에까지 연락해 정보를 수정해 달라고 했다면 좋겠지만 그것까지 번역가가 할 일인지는 모르겠어서 그냥 가만히 있었다. 번역할 때는 원서를 치밀하게 뜯어보되 늘 저자가 틀린 정보를 주었을 수도 있다는 점을 유념해야 한다.

역사책을 번역할 때 또 다른 어려움은 빈번하게 등장하는 고어다. 저자들이 다양한 사료를 인용하다 보니, 현대 영어가 아닌 셰익스피어 시대의 중세 영어로 쓰인 시나 서신을 번역해야 할 때도 있고, 수십 년 전 신문 기사로 쓰인 글을 번역해야 할 때도 있다. 언어는 계속해서 변화하는 특성이 있으므로 정확한 의미를 알기 어려운 옛 영어를 번역해야 할 때는 부담감이 엄청 커진다. 아직 번역된 적이 없고, 어디 물어볼 데도 없을 때, 확신도 안 서고, 확인도 못 할 때는 혹시나 번역이 틀렸다는 걸 누군가 증명해서 비난하면 어쩌지, 하다가도 '어쩌겠어, 내가 욕먹는 수밖에'라는 마음으로 어떻게든 내가 할 수 있는 선에서 번역을 한다.

AI를 (너무) 믿지는 마세요

다시 AI 이야기로 돌아가서, 어렵지는 않지만 재치 있는 문장을 마주했을 때도 나는 번역기에 대결을 신청하며 '인간 대 AI 번역 대회'를 홀로 개최하곤 했다. 특정 문장을 AI는 과연 어떤 식으로 번역해 놓을지 궁금해서 돌려 보는 거다. 맹세컨대(맹세를 왜 하는지는 모르겠지만), 내가 몰라서 물어보려는 것은 절대 아니다. 경험치로 봤을 때 내가 의미를 모르는 건 AI도 모르더라. 나도 실력이 모자라지만 AI도 아직 모르는 게 많다는 뜻이다. 그만큼 원문의 뉘앙스를 살려 표현하기가 어렵거나, 길고 난해한 문장이 자주 나오는 책이 더러 있었다. 예를 들어, 앞서 언급했던 수영책에는 비키니가 등장했던 시기의 상황을 다룬 내용이 있었는데, 저자는 오늘날 우리가 '비키니'라고 알고 있는 투피스 수영복이 처음 등장한 사건을 묘사하며 "But, in fact, Heim's design wasn't all that daring: Breasts were more isolated but still protected. Haunches didn't hang out sides"라고 썼다. 이 문장을 읽고 저자의 뉘앙스가 재밌어서 피식 웃었던 나는 우리말로 대체 어떻게 번역해야 좋을지 몰라 한참을 고민했다. 이렇게 인간 번역가인 내가 한참을 고민할 때, AI 번역기는 아무런 고민 없이 1초 만에 답을 내놓을 수 있을 테지. 하지만 G 번역기는 다음의 번역문을 답으로 제시했다. "그러나 실제로 Heims 디자인은 그다지 대담한 것이 아닙니다. 유방은 더 격리되었지만 여전히 보호됩니다. 헌치는 옆으로 놓지 않았습니다." P 번역기는 뒷부분을 이렇게 번역해 놓았다. "가슴은 더 고립되었지만 여전히 보호받고 있다. Haunches는 밖에 나가지 않았다."

글의 성격마다 차이는 크지만 이런 뉘앙스와 표현 문제로 온종일 고민해 본 번역가라면 특정 영역에서는 AI 번역기의 한계를 느낄 수밖에 없을 것이다. 위 문장의 경우, 나는 고민 끝에 독자가 이해할 수 있게 조금 풀어서 "하지만 하임의 디자인은 그리 과감하다고 볼 수 없었다. 상의가 하의와 따로 떨어진 의상이었어도 여전히 가슴을 잘 가려 주었다. 둔부 또한 양쪽으로 드러나지 않고 하의에 잘 덮여 있었다"라고 번역했다. 길게 이어진 문장은 번역가의 머리에 쥐가 나게 한다. 가끔은 뇌 온도가 오르는 걸 실제로 체감할 만큼. 또 수영책 이야긴데(어려웠던 만큼 이렇게 많은 글감을 제공해 주다니!), 과거의 한 기사에 쓰였던 다음의 긴 문장을 보자 어느 정도 이해가 되면서도 아이디어가 너무 많이 이어져 있어 우리 문장으로 써내려니 계속 글이 꼬였다. 그럴 때면 나는 또 AI에 대결을 신청하곤 한다.

원문

After seeing her, one may feel like defying any ten-foot man in the audience to declare that the sex of which she is an ideal example hasn't the courage to fight or the ability to vote or do anything else they choose to do.

G 번역기

그녀를 본 후, 청중 중 10 피트 남자를 무시하고 그녀가 이상적인 본보기인 성별이 싸우는 용기나 투표할 수 있는 능력, 그들이 선택한 다른 일을 할 능력이 없다고 선언하는 것처럼 느껴질 수 있습니다.

P 번역기

그녀를 본 후, 사람들은 청중들 중 어떤 10피트짜리 남자라도 그녀가 이상적인 본보기가 되는 섹스는 싸울 용기나 투표할 수 있는 능력이나 그들이 선택한 다른 어떤 것도 할 수 없다는 것을 선언하기 위해 반항하고 싶은 생각이 들 수도 있다.

나의 번역

그녀의 공연을 보고 나면, 누구든 관객석에 앉은 3미터 거구의 남자를 붙들고는 저렇게 놀라운 장면을 선보일 수 있는 여성이라는 존재가 정말 싸울 용기도 없고, 투표할 능력도 없고, 원하는 것을 선택할 자격도 없는 존재인지 말해 보라고 따지고 싶어질 것입니다.

어떤가? 이 정도면 인간의 4 대 1 압승 아닌가? 1점은 번역 속도 때문에 기꺼이 내주었다. 이런 대결은 그냥 재미로 해 보는 것이긴 하지만, 어찌 됐건 AI 번역기가 당장 번역가의 밥그릇을 빼앗을 정도로 많이 발전했다는 생각이 들진 않는다. 분야에 따라, 문서의 성격에 따라, 협업을 통한 효율성 향상을 도모할 수는 있겠지만 말이다. 그래서 누군가가 번역기를 돌려 보라고 친절한 정보를 줄 때, 구구절절 장황하게 설명할 수는 없는 노릇이니 약간 당황스럽지만 잘 웃어넘길 뿐이다. 특히 책의 문장을 옮기는 번역가라면 맥락과 상황 이해를 바탕으로 글을 읽고 이해한 다음 맛깔스럽고 리듬감 있게 뉘앙스를 살려서 옮겨야 하기 때문에 개인적으로는 AI를 크게 경계할 필요는 없다고 (아직은) 주장하는 바다!

2025년에 덧붙이는 글 - 1

불과 4년 전에 쓴 글의 마지막 문장을 보니 씁쓸하다. (아직은)을 소심하게 추가하던 나는 어떤 미래를 전망했던 걸까. 막연했던 '아직은'의 기한은 어쩌면 챗GPT의 등장으로 끝났는지도 모른다. 크게 경계할 필요가 없다고 주장하던 나도 현재 AI 번역 기능을 아주 크게 경계하다 못해 두려워하고 있으니.

이상하게 나는 인공지능 번역 얘기만 나오면 조심스러우면서도 다급해진다. 그 두려움의 근원이 그저 번역가의 일자리 걱정처럼 단순하지 않기 때문이다. 두려움의 본질을 가만히 들여다보면 '인간 번역가를 대체한 인공지능 번역'이 물론 커다랗게 자리하고 있지만, '기계 번역 결과물을 아무렇지 않게 받아들이는 독자들' 역시 분명히 존재한다. 탁월함이 아닌 평균을, 고유함이 아닌 전형을, 창조가 아닌 재생산을 추구하며 기계의 문장에 적응해 버린 쓰는 사람과 읽는 사람들….

신경망을 적용해 딥러닝 과정을 거친 AI의 번역 실력이 얼마나 일취월장했는지 아주 빠르게 확인하기 위해 앞서 비교한 문장들을 다시금 번역해서 소개한다. 누구든 읽는 순간 느끼겠지만, 당시에는 전혀 예상하지 못했던 수준으로 실력이 향상됐음을 알 수 있다. 4년 전 나는 '이건 AI가 절대 못 해. 너희가 해선 안 돼' 하고 자신감을 가진 바 있는데, 노승영 번역가에 따르면 "인공지능은 OOO을 할 수 없어"라는 말은 언제나 "인공지능 엔지니어들의 다음 목표가 될 것*"이라고 한다.

문장 A

Breasts were more isolated but still protected. Haunches didn't hang out sides.

---

*   민음사, 〈Littor〉 2023 6/7월 42호 수록, 〈이해하라: 챗GPT와 번역〉

D 번역기

유방은 더 고립되었지만 여전히 보호되었습니다. 가슴이 옆으로 늘어지지 않았습니다.

챗GPT

가슴은 더 분리되어 있었지만 여전히 보호되고 있었고, 엉덩이 부분도 옆으로 튀어나오지 않았다.

문장 B

After seeing her, one may feel like defying any ten-foot man in the audience to declare that the sex of which she is an ideal example hasn't the courage to fight or the ability to vote or do anything else they choose to do.

D 번역기

그녀를 보고 나면, 청중석의 키가 10피트인 남자에게 그녀가 이상적인 모범이 되는 성은 싸울 용기도, 투표할 능력도, 다른 어떤 것도 할 수 없다고 선언하고 싶을지도 모릅니다.

챗GPT

그녀를 보고 나면, 그 자리에 있는 키 열 자 되는 남자에게 라도 감히 묻고 싶어진다. 그녀가 이상적으로 대표하는 성별이 싸울 용기도, 투표할 능력도, 하고 싶은 일을 해낼 능력도 없다고 정말 말할 수 있느냐고.

어떤가. 일부 어색하고 오역이 있어도 가히 '일취월장'이란 찬사를 보내(기 싫지만)게 하는 결과물 아닌가? 하지만 위 사례만으로도 우리는 현재 인공지능의 위대함과 한계를 동시에 확인할 수 있다. 최근 서울의 한 고등학교에서 〈인공지능 번역과 노벨문학상〉이라는 제목으로 특강을 진행하며 문장 번역하기를 실습 과제로 내 주었다. 뭐든 참고해도 된다는 조건으로 [문장 A]의 번역을 시켰더니 학생들은 아주 익숙하게 챗GPT를 활용해 답안을 작성했다. 자신의 의견을 바탕으로 문장을 손보는 학생은 거의 없었다. 그런데 내가 번역한 걸 보여 주자 학생들은 꽤 당황스러워 했다. 책에 실린 그 문장을 보기 전까지는 챗GPT의 결과물이 어색하다는 생각을 전혀 하지 않았다는 것이다.

어색하다고 느끼지 않는 것. 바로 이 점이 가장 큰 문제라고 생각한다. 그런데 잠깐, 언어란 원래 변화하는 성질이 있지 않던가. 그렇다면 이것이 거대한 흐름이고 인간은 점점 기계의 언어에 익숙해져서 기계처럼 말하고 쓰고 그것을 당연하게 읽게 되는 건가. 우리는 점점 평균에 수렴하는, 덜 정교하고, 덜 감각적이며, 덜 세밀한, 뭐든지 덜어내 단순하고 뭉뚱그리기 좋아하는 평평한 곳으로 나아가고 있는 것인가. 여기까지 생각이 미치자 내 두려움의 심연이 더욱 선명하게 보여서 세상이 원망스러울 지경이었다.

하지만 아직 절망하기엔 이르다. 인공지능의 성장이 눈에 뚜렷하게 보일수록 그것의 특성을 제대로 파악한 뒤 인간의 특장점을 더 돋보이게 해야 한다. 우리가 인공지능보다 더 잘하는 게 무엇인지 이해하고 주목해 계발해야 한다. 2023년, 챗GPT의 등장으로 번역 업계가 한차례 들썩였을 때, 오랜 경험을 자랑하는 출판 번역가 5인이 저마다의 전망을 내놓은 기사[*]가 실렸다. 인터뷰에 참여한 번역가들의 의견을 간략하게 정리하면 다음과 같다.

---

[*] 조선일보, 2023년 4월 17일 자 〈AI는 번역가를 대체할까? "속도 빨라 가능" "문맥까진 안 돼"〉

[대체 가능]

김석희 (영미문학 번역가)

: 시나 판타지 등 일부 영역을 제외하고 AI가 인간 대체할 수 있을 것

노승영 (과학 전문 번역가)

: AI에 이미 타격 받아… 장인 정신 가진 번역가만이 살아남을 것

[대체 불가능]

김화영 (프랑스 문학 번역가)

: 문체와 호흡 전달이 중요한 문학 번역, AI로는 무리

전영애 (독일 문학 번역가)

: 시대 문화적 맥락 해석, AI는 따라갈 수 없어

권남희 (일본 문학 번역가)

: 책에 애정 있어야 좋은 번역 가능, AI에겐 '마음'이 없어

기사가 났을 당시 나 역시 AI의 급진적인 실력 향상 때문에 당황하고 있던 터라 가능과 불가능을 가늠한 결과가 2 대 3인 것을 보고 조금 안심했다. 하나 '애정이 있어야 한다, AI는 마음이 없다'라는 답변을 보며 조금 무책임한 거 아닌가, 라고도 생각했었다. (권남희 선생님이 무슨 책임이 있다고?) 그런데 인공지능의 특성을 알면 알수록 권남희 번역가의 의견만큼 정확하며 앞으로도 계속 유효할, 그러므로 그만큼이나 의지가 되는 답변 역시 없다는 점을 새삼 실감하고 있다. AI는 책을 사랑하지 않는다. AI에겐 여전히, 어쩌면 영원히, 마음이 없다.

그런 AI가 복잡한 심리가 얽힌 다층적인 텍스트를 치밀하게 읽어 낼 수 있을까? 화자의 목소리를 듣고 뉘앙스를 파악해 낼까? 읽는 과정에서 장면을 그리고 이해든 감정이든 감상이든 무언가가 발생해야 좋은 번역이 나올 텐데, 그 과정을 인간만큼 제대로 구현할 수 있을까? 앞서 언급한 특강에서 실습 문제로 냈던 또 다른 문장은 당시 번역 작업 중이던 책에서 가져온 것이었다. 이 짧고 단순한 문장의 번역 결과만 보더라도 인공지능은 장면을 그리지도, 뉘앙스를 파악하지도, 독서 과정에서 발생하는 감상을 제대로 전달하지도 못함을 명확히 알 수 있다.

번역 문제

성인이 된 저자가 유치원에 다니던 시절을 회상하는 장면입니다. 유치원 선생님이 책을 읽어 주던 모습을 떠올리는 다음 문장을 우리말로 옮겨 보세요. (출처: 국내 미출간 회고록)

원문

I can see her holding a book, one thumb on the spine.

D 번역기

엄지손가락을 척추에 대고 책을 들고 있는 모습이 보입니다.

챗GPT

그녀가 책을 들고 있는 모습이 보여. 엄지손가락 하나가 책등을 짚고 있어.

나의 번역

엄지손가락으로 책등을 받치고 우리를 향해 책을 들고 있던 선생님의 모습이 눈에 선하다.

(작년 12월 당시에는 챗GPT도 '책등'이 아닌 '척추'라고 번역해서 학생들 모두 제대로 된 의미조차 파악하지 못하고 오답을 써냈다. 4개월 만에 '책등'이라는 답을 내놓는 챗GPT의 학습력이 놀랍다.)

마음이 없는 인공지능에게 없는 게 또 있으니, 그것은 바로 몸이다. 무언가를 몸으로 경험한 적이 없어 감정이나 맥락을 몸으로 받아들이지 못한다. 우리는 책을 읽으며 인생 경험, 심신의 감각, 문화적 배경을 바탕으로 텍스트를 소화하는 데 반해 인공지능은 복합적인 감각과 정서를 시뮬레이션할 뿐 몸소 느끼지 않는다. 가령 눈물이 날 것 같은 장면에서 울컥하는 게 아니라 그런 감정이 왜 드는지, 어떻게 표현되는지, 딥러닝한 데이터를 바탕으로 분석해서 파악한다. 단순히 정보를 처리하는 존재가 아닌 마음으로 의미 안에 머물며 몸소 겪는 존재인 인간이 책 번역을, 특히 문학적 텍스트의 번역을 더 잘할 수밖에 없는 이유다. 기계가 아무리 잘 읽고 분석한들 오래전 상처가 스민 머뭇거림이나 낮고 묵직한 어조에 묻어나는 결의, 그리고 아주 짧은 침묵의 여백 같은 건 겪어 본 적이 없기에 섬세히 옮겨 내지 못할 것이다. 어쩌면 기술이 아무리 발전해도 그 미묘하고도 찰나적인 감각을 다루는 능력은 인간만의 특권으로 남을 것이고, 글에서 목소리를 듣는 번역가만이 문장에 깃든 화자의 존재감과 뉘앙스를 제대로 옮겨 낼 것이다.

Use Your Mind

AI 말고도 번역에서 단골 논란이 되는 것은 바로 직역과 의역 문제다. 사실 번역에는 정답이 없고 번역가의 스타일과 편집자 및 독자의 선호에도 차이가 있어서 의역과 직역 논란은 큰 의미가 없다고 생각한다. 김남주 번역가는 한 인터뷰[*]에서 직역과 의역에 대해 이렇게 말했다. "한 단락 안에서도 두 가지가 섞여요. 어떤 문장은 표현을 건져야 할 때도 있지만, 어떤 문장은 확실하게 의역해야 할 때도 있기 마련이거든요. '의미'가 가장 중요해요. 번역가들은 재량권을 가지는 만큼, 책임도 집니다." 번역은 번역가의 글쓰기 스타일과

---

[*] 독서신문, 2017년 10월 27일 자 〈가즈오 이시구로 전문 번역가 김남주 "번역가로서의 '자격지심'이 대체 불가능한 '자부심'으로"〉

도 연결되기 때문에 직역이든 의역이든 일부러 한다고 해서 되는 것이 아니기도 하다. 자연스럽게 하는 것이 좋다는 쪽이 있고, 있는 그대로 옮기는 게 좋다는 쪽도 있다. 나는 원문 본연의 맛을 가장 잘 드러내 주는 것이 자연스럽고 매끄러운 한국어일 때도 분명 있다고 생각하는 쪽이다.

회고록을 번역할 때는 무엇보다도 저자의 목소리를 듣는 것이 제일 중요했다. 읽으면서 저자의 목소리가 들리기 전에는, 그것도 한국어로 말하는 저자의 문장을 인식하기 전까지는 정말 한 문장도 쓰기가 어려웠다. 직역이냐 의역이냐에 대해서는 전혀 생각할 겨를도 없었달까? 직역으로는 거의 번역이 불가능했다고 해도 될 것 같다. 회고록은 매우 개인적인 이야기여서 문장 자체에도 작가의 개성이 짙게 드러나기 때문에, 그 어조를 제대로 옮겨 내야 했다. 그래서 그런지 소설가이자 번역가이기도 한 무라카미 하루키는 한 인터뷰[*]에서 "좋은 번역을 하기 위해서는 무엇이 꼭 필요할까요?"라는 질문에 아주 신선한 대답을 내놓았다. "귀. 음감이 나쁘면 번역을 못 합니다"라고. 회고록을 번역해 본 경험이 있어서 그런지 "굳이 그 문장을 소리 내서 읽지 않아도 눈으로 읽으면 귀에 들리잖아요"라

---

[*] 유니클로 라이프웨어 매거진 2021 Spring&Summer 수록 〈무라카미 하루키에 대한 26가지 질문〉

는 그의 대답에 나는 '그래, 바로 이 느낌이야'라고 속으로 감탄사를 내뱉었다.

이렇듯 저자가 내는 목소리를 듣고, 혹은 저자가 영어 문장 뒤에 숨겨 놓은 번역가의 모국어를 잘 들여다보고 옮겨 내리면, 저자만큼은 아니더라도 제대로 문장을 써내는 능력도 중요하다는 것을 절실하게 느낀다. 본격적으로 번역하기 전에는 온통 '영어를 잘해야지'라고 생각하던 게 어느새 '글을 잘 써야지'로 방향을 틀어 늘 한국어를 자세히 들여다보는 만성 직업병에 걸렸다. 일필휘지는 안 되더라도 퇴고할 때 두 번 세 번 다시 읽으며 고치고 다듬는 과정에서 글쓰기 실력이 조금씩 늘기도 했다. 그렇게 거듭해서 읽고 고치기를 반복하다 보면 대체 몇 번이나 책을 읽고 세세한 부분까지 살피게 되는지 모른다.

어떤 때는 번역하다 말고 검정색 머리카락을 가진 저자가 되어 타이핑하는 모습을 상상하곤 했다. 그런데 지금 머리카락 색깔이 중요하겠는가? 언젠가는 저자의 뇌를 한국인인 내 머리 안에 집어넣고 싶다고 생각한 적도 있었다. 얼마 전 영화 〈미나리〉를 보니, 잘생긴 연상엽 배우가 아들에게 "데이빗, 한국 사람은 머리를 써, 오케이?"라고 (어색한) 한국말로 말한 다음 영어로 "We use our minds"라고 덧붙였다. 나는 이 대사를 들으며 억양은 차치하더라도 스티븐 연은 과연 원어민이로군, 하고 생각했다. "머리를 써"라고 했으면 당연히 'brain'이라는 단어가 따라 나올 거라 예상했는데 'minds'가 나왔으니까 말이다.

이 글을 구상할 즈음 〈미나리〉를 관람한 나는 해당 장면의 대사를 인상 깊게 보았고, 번역할 때도 원저자의 뇌를 내 머릿속에 집어넣는 대신 아예 사고방식 자체를 변환해 저자의 정신과 마음가짐을 온전히 지닌 채로 옮겨야 제대로 된 번역이 나오겠구나, 하는 깨달음을 얻었다. 그만큼 마음을 많이 쓰다 보니 번역이 다 끝나고 나서도 책 속에 오래 머무르는 느낌이다. 독서를 통해 새로운 세계로 여행을 다녀왔다기보다는 원저자의 세계에서 살다 나온 기억으로 남는 것 같다. 폴란드의 바르샤바에서 두 학기를 교환 학생으로 지내며 살다 온 적이 있는데, 살아 본 도시와 여행을 몇 번 다녀온 도시는 오랜 시간이 지날수록 확실히 차원이 다른 기억 보관소에 저장된다. 번역도 꼭 그렇다. 독서가 책으로 떠나는 여행이라면, 번역은 '살아 보는 거야'라고 에어비앤비의 광고 문구를 따라 해 본다.

7장

두   아

     이

     와

     함 께

             동
             화
             책

       번 역 합 니 다

"엄마, 번역가 그만두고 우리랑 놀자!"
"나가 줄래? 여기 엄마 회사거든~"

코로나19 때문에 1년 내내 아이 둘을 데리고 지내는 동안, 나는 빵과 커피로, 아이들은 주먹밥으로 아침을 대충 때우고 일과를 시작하며 위와 같은 대화를 자주 나눴다. 번역가로 데뷔라는 것을 하고 고작 1년이 지났을 뿐인데, 아무도 반기지 않는 전염병이 창궐해 나의 두 아들은 상급반에 제대로 다녀 보지도 못하고 집에서 홈스쿨링(이라고 쓰고 홈티빙이라고 읽어야겠지만)을 해야 했다. 덕분에 나는 혼자만의 시간을 갖지 못하게 되었고.

본격적으로 번역대학원 입시 준비를 했던 것도, 번역가로 계약을 하고 일을 시작할 수 있었던 것도 다 아이들이 유치원과 어린이집에 간다는 전제하에 오롯이 주어지는 혼자만의 시간 덕분이었다. 공부건 번역 작업이건 집중력이 필수이기 때문에 아이들이 안아 달라, 밥 달라, 놀아 달라, 하며 "엄마! 엄마! 엄마!"라고 수십 번씩 불러 대면 절대로 일을 할 수 없다고 생각했다.

하지만 그렇게 치면 아이들의 방학 때마다 번역을 쉴 수는 없는 노릇이니 조금 욕심을 내어 동화책 샘플이 있으면 기회를 주십사 에이전시에 요청했다. 아이들이 온종일 집에 있어도 글밥이 일반 서적보다 훨씬 적고 페이지 수도 얼마 안 되는 동화책이라면 부담 없이 해낼 수 있다고 생각하면서. 다행히 동화책 샘플에 바로 통과해 번역을 시작했는데, 웬걸 아이들이 큰 관심을 보이는 것이었다. 엄마가 동화책을 만든다고 하니 일하는 시간을 잘 이해해 주고, 책이 나오면 친한 친구에게 꼭 선물하고 싶다고도 했다. 원래는 책상에 붙어 앉아 일하고 있으면 쪼르르 달려와서 "엄마, 일 좀 그만해~"라는 말을 달고 살던 아이들이었다.

우리 아이들은 까다로운 편집자

효율적인 시간 운용을 목적으로 동화책 번역에 도전했지만, 막상 시작하고서야 다른 각도에서 상황을 바라보니 나는 동화책을 번역하기에 최적의 환경에서 작업하고 있었다. 아이들 방에는 참고할 만한 동화책이 수백 권 꽂혀 있고, 원문의 바다에서 헤어 나오지 못할 때면 아이들을 불러 세워 번역문을 읽어 주며 바로바로 피드백을 받을 수 있었다. 아이들에게 원서의 PDF 파일을 보여 주면 동화책인지 알고는 호기심에 "빨리 영어를 지우고 한국어로 써서 읽어 줘"라고 조르곤 했다. 번역한 걸 읽어 주면 "그게 무슨 말이야?"라거나 "응, 응, 그다음은?"하고 묻는 식으로 즉각 반응해 주었다. 그리고 저녁마다 아이들에게 반강제로 동화책을 서너 권씩 읽어 주며 동화

작가들의 문장을 익히기도 했다.

코로나19로 수차례 개학이 미뤄지면서 혼자만의 시간이 없다는 현실에 번역을 못 하면 어쩌나 불안한 마음이 들기도 했는데, 또 이렇게 적응해 가며 아들 둘을 데리고 어린이용 서적과 동화책 번역을 여럿 하게 되었다. 집은 엉망이 되고, 자꾸만 방에 들어오는 아이들에게 나가라고 깡패처럼 괴성을 꽥꽥 질러 대며 복작대도, 이따금 내 무릎 위에 올라앉아 아무렇지 않게 키보드를 점령한 꼬마의 정수리에 코를 갖다 대고 킁킁거리면 이상하게도 따스하고 달큰한 에너지가 충전되는 것 같다. 그리고 이렇게라도 번역하지 않고 아이들만 본다면 금세 허전하고 주눅이 들 것 같다. 직장에서도 그랬고 지금도 일할 때 방해받는 기분이 들면 화나긴 하지만, "아~ 진짜 시끄럽네"라고 겉으로 소리를 내뱉을 수 있어서 그런지 속으로 스트레스가 많이 쌓이지는 않는다.

유명한 동화책 번역가 중에는 아동 문학가, 또는 아동 문학 전문 번역가로 활동하는 분들이 꽤 있다. 나는 아동 문학을 공부해 본 적이 없고 그 분야에 명함을 내밀 만한 스펙도 없지만, 근 5년간 아이들에게 동화책을 수도 없이 읽어 주어서 그런지 동화책 번역이나 어린이 책 번역이 너무 쉽고 재밌게 느껴졌다. 물론 원문이 성인용 책에 비하면 쉬운 건 맞다. 그래서 얼마 안 되는 번역료가 들어와도 왠지 가성비가 좋다는 생각에 만족스럽기까지 하다. 최근 적극적으로 동화책 번역 시장에 손을 뻗기 위해 뭐라도 해야 할 것 같아 직접 발굴해 출판사에 제안할 좋은 그림책을 물색하고 있다.

번역할 때는 외국어 실력보다 모국어 문장력이 중요하다고들 한다. 특히 동화책 번역에서는 '줄다리기'를 하며 우리말로 문장을 써내는 능력이 무척 중요하다. 동화책 번역에 관심이 있다면 과연 자신이 어린이 독자를 대상으로 구연동화를 할 수 있는지를 고려해 봐야 할 것이다. 실제로 동화책 번역은 구연동화와 크게 다를 게 없는 것 같다. 구연자의 말투로 읽어 주는 게 닭살이 돋는다면 동화책을 번역할 때도 닭살이 돋을지 모른다. 말이다. 가령, "Forget your troubles and sleep. The morning is wiser than the evening"이라는 원문이 있다면, "너무 걱정 말고 푹 자 둬. 날이 밝으면 좋은 방법이 떠오를 거야"* 라고 실제로 아이에게 말하듯 다정하게 옮기는 것이다. 외국어 문장을 우리말로 옮기는 일은, 팽팽하면서도 어느 한쪽으로도 너무 치우치지 않아 승패를 가리기 힘든 줄다리기와 같다. 하지만 종료를 알리는 휘슬이 울렸을 때, 밧줄 한가운데 묶인 빨간색 리

---

* 《아빠와 함께 독서를》(기탄교육, 2020)

본이 가운데에서 약간 어린이 독자 쪽으로 아슬아슬하게 넘어간 상태로 끝난다면 이상적인 동화 번역이 아닐까.

일례로 애니메이션 영화의 동화 버전을 번역할 때, 원문과 독자 사이에서 팽팽한 균형을 유지하다가도 어린이 독자 쪽으로 더 기울여 번역한 적이 몇 번 있었다. 아무래도 영화의 주요 장면을 이어 붙여 만든 동화책이다 보니 장면 전환이나 대사 연결이 매끄럽지 않은 듯 보이는 부분도 있어서 나름의 판단과 결정을 내려야 했다. 픽사 영화 〈온워드〉에는 겁 많은 동생이 마법으로 작아진 형을 대신해 운전대를 잡아야 하는 장면이 나온다. 여기서 형이 "끼어들어!"라고 하면, 동생이 "나 준비 안 됐어"라고 답하고, 곧바로 "너 평생 준비 안 될걸"이라는 형의 대사가 자연스레 이어진다.

하지만 동화책*에는 이렇게만 나온다.

> Ian had no choice but to drive toward the on-ramp to the expressway. He was terrified to merge into traffic. "You'll never be ready!" exclaimed Barley. "Merge!"

---

* 《온워드: 단 하루의 기적 무비동화》(애플비, 2020)

여기에는 "나 준비 안 됐어"라는 동생의 대사가 빠져 있어서 "너 평생 준비 안 될걸"이라는 형의 대사가 조금 뜬금없어 보였다. 그래서 나는 다음과 같이 번역했다.

어쩔 수 없이 이안은 차를 몰고 고속도로 입구로 향했지만, 다른 차들 사이로 끼어들 자신이 없었어요.
"연습이라고 생각해!" 발리가 소리쳤어요. "지금 들어가!"

나는 이게 옳은 선택이라고 판단해 번역했는데, 영화가 개봉하고 위 대사의 번역판 자막인 "준비는 영원히 안 되는 거야!"가 영화의 중요한 메시지처럼 관객들 사이에서 회자되는 걸 보고는 너무 의역했나, 하는 약간의 아쉬움도 들었다. 원서와 독자 사이에서 팽팽한 균형을 맞추기란 늘 어려운 숙제처럼 느껴진다.

물론 원서의 저자도 어린이 독자를 대상으로 글을 썼겠지만, 번역가 역시 어른으로서 다정한 마음을 조금 더 담아야 한다. 그래서 나는 동화책 번역을 마치고 나면 스스로 조금 더 다정한 어른이 된 듯한 착각에 빠진다. 평소 모습과는 달리 너무도 상냥하게 글을 옮겼기에 더욱 뿌듯하다. 우리 아이들이 청소년이 되어 유아용 그림책에 관심이 없어지더라도 계속 동화책 번역을 할 수 있으면 좋겠다.

어른도 함께 보는 그림책 번역으로 작업 범위가 확장된다면 더 보람찰 것 같다. 언젠가는 엄청나게 많이 팔리는 유명 작가의 동화책을 인세로 계약해 번역하고 싶다. 우리 번역가들도 시인과 작가들처럼 인세를 꿈꿀 자유는 있으니까!

2025년에 덧붙이는 글 - 2

인세를 꿈꾸던 나는 마침내 인세를 받는 번역가가 되었다. 통장에 인세가 찍히던 날, 카페에서 커피만 시키려다가 샌드위치 하나를 추가했던 기억이 난다. 그러니까, 내가 드문드문 받았던 인세는 샌드위치 하나 값 정도였고 그마저도 책이 출간되고 시간이 지나 판매 부수가 거의 없으니 (당연한 거지만) 아무런 의미가 없어졌다. 번역 인세를 받기 위해 나는 인센티브 개념으로 매절 번역료 외에 추가적인 인세 조건을 요청했다. 직접 발굴해서 검토하고 제안한 도서가 번역 작업으로 이어진 경우, 가령 '2쇄부터' 도서 정가의 1~2%를 받는 식이었다. 돈에 대한 욕심은 아니었고 그저 지속해서 판매에 관심을 가지고 홍보하면서 책과의 인연을 이어가고픈 마음이 컸을 뿐이다.

작년에는 감사하게도 아이들이 좋아하던 그림책의 번역 기회를 얻었다. 집에 원서 그림책이 그리 많지는 않았지만, 꽤 오래전에 나온 《OLYMPIG!》는 아이들에게 내가 직접 번역해 주고픈 동화책 중 언제나 1순위였다. 저자인 빅토리아 제이미슨은 그래픽 노블 《롤러 걸》로 뉴베리 아너상을, 《별들이 흩어질 때》로 월터상을 받은 미국에서 인정받는 작가인데, 먼저 접한 위 책들 덕분에 그가 깊이 있는 신념을 바탕으로 세련된 유머를 구사한다는 점을 알게 됐다. 덕분에 찾아 읽은 그의 그림책 역시 지나친 멋을 부리지 않으면서 아주 중요한 이야기와 메시지를 전하는 귀엽고 발랄한 작품이었고, 기획안을 냈을 때 그림책 전문 출판사 호랑이꿈의 대표님이 손을 내밀어 주셔서 원서보다 더 근사하게 양장본으로 출간되었다.

2024 파리 올림픽을 앞두고 《올림피그》라는 제목에 '챔피언에 도전한 꼬마 돼지 이야기'라는 부제를 달고 나오긴 했는데, 내 기준에서 이 책은 올림픽 이야기도 챔피언 이야기도 아니었다. 물론 많은 올림픽 선수가 메달 순위에 들지 못해 주목받지 못할 뿐만 아니라, 메달 순위에 들지 못했다고 해서 그들의 노력이나 도전이 가치 없지 않다는 점을 생각해 볼 기회를 주는 책이기도 했으나 내 기획 의도는 조금 다른 데 초점이 맞춰져 있었다. 크고 작은 무대에 올라 경쟁하고, 성취하고, 때론 실패하며 살아갈, 그리고 살아가고 있는

우리 아이들이 (그리고 우리 자신이) 스스로를 의심하는 내면의 목소리뿐 아니라 세상의 잣대에 흔들릴 때, 전적으로 지지하고 편들어 주는 누군가의 한마디가 어쩌면 뼛속에 새겨져 두고두고 비빌 언덕이 되어 준다는 점을 잘 보여 주는 책. 그리고 그것은 어린이들이 다른 어떤 식으로도 쉽게 얻을 수 없는 소중한 깨달음이 될 것이라는 점을 강하게 어필했다. 아마 정성스럽게 쓴 기획 의도에 마케팅 포인트까지 함께 제안했던 게 대표님의 마음을 움직인 게 아닐까 짐작한다.

예상대로 이 책은 올림픽 시즌 때 반짝 팔린 후 판매가 시들해졌지만, 최근 전국 단위 독서논술 교습소에서 초등학교 2학년 필독서로 정해 교재에 실었고, 아이들은 책을 읽은 후 감상문을 쓰고 토론도 한다는 소식을 들었다. 해당 업체의 대량 구매 덕분에 중쇄를 찍었다는 기쁜 소식도…. 카페에 일하러 가서 샌드위치에 마카롱까지 추가 주문할 날이 머지않았다.

아이는 입학하고, 엄마는 자퇴하고

이 꼭지를 처음 구상하던 단계에서는 예상치 못했는데, 얼마 전 첫 아이가 초등학교에 입학하면서 나는 크게 당황했다. 아이가 초등학교에 입학하자 엄마가 확인해야 할 정보와 챙겨야 할 준비물 등이 너무 많았다. 실제로 아이가 초등학교에 입학하는 시기에 경력 단절 여성이 급격하게 증가한다고 한다. 직장을 다니던 엄마들도 그나마 아이가 유치원이나 어린이집에 갈 때는 어찌어찌 사회 활동을 이어가다가 초등학교 1학년이 되면 휴직을 하거나 일을 그만두는 경우가 많다는 의미다. 그만큼 1학년은 손이 많이 갈 뿐 아니라 일찍 하교한다.

올해는 글도 쓰고 번역도 더 많이 하고 공부도 해야지, 다 할 수 있을 거야, 라며 욕심을 내고 있었는데, 너무 내 할 일에 정신이 팔리다 보니 아이의 입학식 안내문과 적응 기간 안내문을 헷갈려 아이가 입학한 첫날 하교 시간보다 30분이나 늦게 아이를 데리러 가고 말았다. 다행히도 아이는 교문에서 꼼짝 않고 기다리고 있었다. 그러나 느긋하게 학교를 향하는데 이미 30분 전에 아이들이 하교를 완료했다는 알림을 받았을 때, 도대체 어디로 연락을 해 봐야 하는지 알 수 없었을 때, 남편이 급히 학교(정문과 측문을 착각)로, 놀이터로, 집으로 뛰어다녀 봐도 아이가 없을 때, 정말이지 심장이 쿵쾅대다 못해 마구 구겨지는 느낌이 들었고, 내가 엄마 노릇을 제대로 못하고 있다는 생각이 온몸을 휘감고 짓눌렀다. 아이가 입학한 다음 날, 더는 휴학 기한이 없었던 나는 대학원의 전화를 받고 자퇴 신청서를 등기로 보내고 왔다.

전업주부도 아니고 워킹맘도 아니니 겸업맘이라고 해야 할까? 그러고 보니 번역가들은 대부분 출근을 안 하는 프리랜서라서 육아하랴, 살림하랴, 번역하랴, 고군분투하는 여성 번역가들의 이야기를 여기저기서 많이 들어본 듯도 한데, 어느덧 내가 그러고 있다. 노지양 번역가의 에세이*에는 "나도 일과 가정 사이에서 어떻게든 두 개 다 놓치지 않으려고 아등바등 버텨 온 것 같긴 한데 프리랜서 번역가 주부의 생활은 한마디로 이도 저도 아니다"라는 문장이 나온다. 씁쓸하게도 "이도 저도 아니다"란 표현에 뼈저리게 공감할 수밖에 없다. 요즘 워킹맘들을 '슈퍼 우먼'이라 부르기도 하던데, 차마 '슈퍼'라는 단어는 못 갖다붙이더라도 '본업'이 두 개니 양쪽 업에 조금씩 자리를 내주고 시간을 '방어'하면서, 묵묵히 내 갈 길을 가면 된다고 위안 삼으려 한다.

---

* 《먹고사는 게 전부가 아닌 날도 있어서》(북라이프, 2018)

8장

돈

생각은

아
예

잊
어
라

어려운 원고를 천천히 꼼꼼히 번역하면

생계에 타격을 입고,

대충 뭉뚱그려 번역하면

평판에 타격을 입는다.

벗어날 수 없는 굴레.

- 번역가 노승영,《번역가 모모 씨의 일일》(세종서적, 2018) 중

이제 본론으로 들어가 돈 얘기를 한번 해 보겠다! 그런데 문제는, 내가 출판 번역료 이야기를 제대로, 정확히 할 수나 있을지 모르겠다는 점이다. 최근 인스타그램 광고에 등장한 온라인 강의 주제가 출판 번역이었는데 "시급이 3만 x천 원? 나이, 학력 상관없는 직업" 이러쿵저러쿵하는 문구가 뜨는 걸 보고는 혼란스러웠다. 어떤 출판 번역을 하면 시급을 그만큼 쳐준다는 걸까? 사실 번역이라는 일에 시급이라는 개념을 접목하는 것 자체가 상당히 창의적이라는 생각이 들었다. 번역은, 특히 출판 번역은 자리에 딱 앉아서 1시간 동안 원고지 열 장 번역 끝, 시급 3만 5천 원, 앗싸~, 이런 과정으로 진행되지 않는다. 읽고, 해석하고, 고민하고, 검색하고, 다시 읽고, 퇴고

하고, 고치고 또 고치고 등등… 이 모든 과정을 부불 노동으로 취급하면 그게 가능할지도 모르겠다.

시급 얘기가 나온 김에, 여러분이 궁금해하지 않더라도 나의 시급 변천사를 한번 늘어놓아 보려 한다. 내가 처음 '시급'이라는 노동의 대가를 돈으로 받았던 곳은 두 번째 수능을 치고 나서 합격 발표가 나기 전에 일했던 마산 시내 중심가의 돈가스 가게였다. 당시 최저시급이 3,100원(2006년 기준)이었는데, 나는 시간당 2,500원을 받고 일했다. 저녁에만 나가서 하루 네 시간 일하고 1만 원씩 벌었던 거다. 크리스마스에는 일하고 집에 돌아와 다리가 후들거려 거의 쓰러지다시피 하고 눈물을 또르르 흘렸는데, 그날도 시급은 2,500원이었다. 뭐 당연한 거지만 사장님한테 너무 섭섭한 마음이 들었던 기억이 난다. 보너스로 '옜다 만원'하고 더 줄 수 있는 거 아닌가?, 하고 어린 마음에 턱없는 생각을 했었다.

두 번째로는 한국외대 후문에 있는 조그마한 분식집에서 세 시간에 1만 원, 즉 시급 3,333원을 받고 화요일과 목요일에만 서빙 일을 했다. 2007년 기준 최저시급이 3,480원이었는데, 그때도 최저시급보다 덜 받았다. 그래도 저녁은 얻어먹었으니까 괜찮았다. 이렇게 10여 년 전의 최저시급 얘기를 하다 보니, 당시 최저시급이 현재 내가 알고 있는 200자 원고지 1매당 번역료와 조금 비슷한 것 같다는 생각이 문득 든다.

2008년에 출간된 《번역이란 무엇인가》에 기술된 출판 번역료에 대한 설명을 보면 "번역가의 경력이나 출판사의 사정 등에 따라 원고지 1매당 3,500원에서 4,000원 정도이며, 350~400페이지짜리 소설 한 권을 두 달에 걸쳐 번역할 경우, 번역사가 받게 되는 번역료는 대략 700~900만 원 정도이다"라고 되어 있다. 700~900만 원이라니, 헉 소리가 절로 나온다. 이 책이 2008년에 출간된 책인데 지금이 몇 년도인가? 2007년에 3,480원이었던 최저시급이 2021년 8,720원이 되기까지(현재 2025년 기준 10,030원) 원고지 1매당 번역료는 얼마나 올랐을까? 3,500~4,000원에서 혹시 더 떨어진 것은 아닐까?

믿고 싶지 않지만 정말 그런지도 모르겠다. 아니, 실제로 그렇다. 왜냐하면, 자랑은 아니지만 나의 경우 원고지 1매당 번역료 3,500원을 받기까지 꽤 고된 시간을 보내야 했기 때문이다. 최근 출판사와 직거래를 했을 때도 번역료가 원고지 1매당 3,000원은 넘었지만 3,500원 미만이었다. 같은 출판사에서 다음 책 번역을 의뢰하길래 가능하다면 최저 번역료로 '알려진' 3,500원으로 올려 달라고 해야지, 하고 굳게 마음을 먹고 있었는데, 담당자가 먼저 책 분량이 많으니 원고지 1매당 3,000원으로 해 달라고 말을 꺼내서 적잖이 속상했다. 역시나 출판사와 번역가의 입장은 이렇게나 달랐다.

그래서 연봉이 얼만데?

누구든 입장이라는 게 있으니까. 보통 A4 1장당 원고지 8~9매 정도가 들어가는데, 한글파일에서 [파일]-[문서정보]-[문서통계]에 들어가면 글자, 낱말, 문단, 쪽 등의 정보와 함께 '원고지(200자)'로 몇 장인지 확인할 수 있다. 가령 원고지 1매당 4,000원을 받는다고 치면 4,000×8~9매=32,000~36,000원이다. 이렇게 계산해서 1시간에 A4 한 장을 번역하면 시급 '3만 x천 원'이라는 아이디어가 탄생한다. 그런데 나로서는 1매당 3,000원을 받아도 '이거 꽤 많은데?'라고 느낀 시기가 있었다. 한동안은 그랬다. 거기에는 다 이유가 있다. 이제 막 출판사와 직거래를 시작해 거래처를 늘리고 프리랜서로 자리잡으려 애쓰는 나는, 그동안 주로 에이전시가 중개해 주는 책을 번역해

왔다.

 이렇다 할 경력이 없고 실력도 확인할 길이 없는 내게 샘플 기회를 주고 출판사와 연결해 번역을 맡겨 준 에이전시는, 영업 및 일체의 연락과 교정 업무 등을 모두 해 주는 대신 그만큼의 중개 수수료를 가져간다. 당연한 거다. 내가 알기로 에이전시에 따라서 15퍼센트에서 많게는 40퍼센트 이상의 수수료를 떼고 있다. 가령 경력이 없는 번역가에게 기회를 준다는 명목으로 출판사에 할인가로 번역을 의뢰받는다고 치면, 에이전시에서는 출판사로부터 원고지 1매당 3,000원을 받고, 거기에서 40퍼센트를 제하고 번역가에게 주는 식이다. 그러니 나의 경우 매당 3,000원을 온전히 다 받으면 번역료가 거의 두 배 오른 거나 마찬가지였기 때문에 '이렇게 받아도 되나?' 싶을 만큼 많다고도 느낀 것이다.

 원고지 1매당 3,000원을 받고 번역할 때, 가끔 어떤 날은 너무 집중이 잘 돼 세 시간 정도 앉아서 A4용지 네다섯 장을 번역하기도 했다. 그런 날은 괜히 '오늘 번 돈'을 계산하고 싶어진다. 오늘 얼마 벌었나, 하고 계산기를 두드리고는 '3,000×40=12만 원'이라는 계산에 뿌듯해하기도 하면서. 그럼 정말 시급이 4만 원인 기분이 들긴 한다. 그래서 어느 날엔가 남편에게 "나 오늘 한 시간에 거의 4만

원 벌었어"라고 했더니 팩폭에 유능한 그가 되물었다. "그래서 연봉이 얼마야?" 나는 그 질문에 대한 답을 생각하고 싶지 않아 그냥 웃고 말았다.

출판 번역을 시작한 뒤, 책 한 권을 마감하고 바로바로 일이 없을 때는 어떻게 귀신같이 알았는지 출판 번역가로 데뷔하기 전에 일했던, 혹은 이력서를 등록해 놓았던 기술 번역 회사에서 연락이 오기도 했다. 기술 번역 문서들은 내가 관심을 두지 않는 내용을 주로 다루고 있어서 꾸준히 해야겠다는 생각이 없었고, 심지어 번역료를 제때 주지 않고 연락 두절이 되는 업체를 만난 적도 있어 마음이 잘 가지 않았던 터였다. 하지만 최근 MTPE를 해 볼 생각 없냐면서 새로운 업체에서 메일이 온 적이 있었다. MTPE는 Machine Translation Post Editing의 약자로, 요즘 AI 기계 번역이 뛰어난 성능을 자랑하니 웬만큼 정형화된 문서는 기계 번역을 1차로 돌린 뒤 번역가에게 확인 및 수정을 맡기는 방식이다.

Penny Paying Job

기술 번역에서는 200자 원고지 기준이 아닌 자당, 혹은 단어당 얼마 이런 식으로 요율을 매기는 게 일반적이다. 나는 기술 번역 회사에서 번역 테스트를 통과하면 보통 한 단어당 한영 80원, 영한 40원 정도를 받았다. '이론상'으로 요율 기준은 단어당 100원, 혹은 160원까지도 나와 있으나 여기도 중간 에이전시가 끼다 보니 수수료를 훅 떼는 것 같았다. MTPE를 해 보지 않겠냐며 업체 PM이 제시한 요율은 단어당 26원이었다.

처음 업체에 이력서를 낼 때와는 달리 출간 역서도 꽤 나왔고 글을 다듬는 능력치도 상승했다고 느꼈던 나는 26원은 너무 적고,

30원으로 해 달라고 당당하게 협상을 요구했다. 그랬더니 답이 왔다. 27원으로 올려 준다고. 이렇듯 번역가들은 구경해 본지도 꽤 오래된 1원짜리 협상을 하곤 한다. 당시 뉴스에서는 아파트 가격이 얼마가 올랐으며 개미들이 주식으로 얼마를 벌었는가에 관해 연일 보도하고 있었다. 그걸 본 나는 시급이고 연봉이고 간에 번역하면서 돈을 생각하는 건 별 의미가 없다고 결론지었다. 노동자로서 최저임금은 제대로 받고 싶고, 그래야 제대로 된 직업인으로 인정받는 기분이 드는 건 당연하다. 수고비나 열정 페이가 아닌 정당한 대우를 받으며 일하고 있다는 인식은 앞으로 계속 일을 해 나가는 데도 중요하다. 그렇지만 돈만 보고 할 일은 아니라는 깨달음을 얻었다(슬픈 깨달음이다).

첫 번역을 할 때 진도가 너무 안 나가서 힘들었다고 앞서 언급했는데, 그때는 아무래도 처음이니까 이 일이 얼마의 돈으로 이어진다는 것을 실감하기 위해서 하루 번역을 마치면 그날의 번역료를 계산해 보았다. 한숨을 푹푹 내쉬며 몇 시간을 번역했는데 겨우 A4 용지 두 장 정도를 번역했을 때, 하루 임금이 3만 x천 원도 안 되었을 때, 내가 이 돈 받고 이렇게 열심히 힘들게 번역하는 게 맞는 건가? 과연 옳은 일인가, 하는 마음도 들었다. 자본주의 사회에서 살아가는 한 시민으로서, 한 번역가로서, 최저임금도 받지 못하고 노동 착취를 당한다는 생각이 들기도 하고, 내 실력이 너무 부족해서 그런가 하는 자괴감도 들었다. '그럼 안 하면 되잖아?'라고 되물을지도 모르겠다. 그러다 우연히 오프라 윈프리의 '성공 십계명' 중 '제8계명: 돈 때문에 하는 일이 아니라면 돈 생각은 아예 잊어라'라는 문장을 보게 되었고, '내가 왜 번역을 하고 있지?'라는 근본적인 질문을 떠올렸다. 그날부터 나는 위의 '제8계명'을 포스트잇에 써서 모니터에 붙여 두고 일했다. 돈 때문에 번역을 시작한 게 아니었기 때문에 일단 돈 생각은 잊는 게 옳다고 생각했다.

처음 에이전시에 이력서를 넣었을 때, 에이전시에서는 원서 한 권을 보내면서 검토서를 써 달라고 의뢰했다. 검토 비용은 에이전시마다 다르지만 5만 원에서 20만 원 정도로 책정돼 있다. 책 한 권 전체를 꼼꼼히 읽지는 못하더라도, 아마존 서평 및 챕터별 내용 요약, 발췌 번역, 그리고 검토 의견까지 써서 A4용지 7~8장을 써내려면 적어도 일주일은 걸린다. 그래도 언젠가 책을 번역할 기회가 올지도 모른다는 생각에 기쁜 마음으로 했었다. 심지어 샘플 번역은 돈도 주지 않는다. 번역가가 되고 싶으니까 샘플 기회를 기다리고, 최선을 다해 테스트를 치렀다. '번역을 맡을 수만 있다면!', 이게 내 초심이었지, '돈을 많이 벌자!'가 목표는 아니었다.

번역료 연구에서의 비상식적 결론

그래서 결론적으로 원고지 1매당 번역료는 2007년 대비 더 올랐을까 더 떨어졌을까? 2020년 10월에 출간된 번역가 이상원 교수의 《번역은 연애와 같아서》에 보면 "현재 출판사에서 매절로 지급하는 번역료는 평균 잡아 원고지 1매당 3,000원에서 4,000원 사이인 것 같다. 흔히 보는 그리 두껍지 않은 단행본 한 권이 평균 1,200매 정도 나온다. 그렇다면 단행본 한 권의 번역료가 360만 원에서 420만 원 사이가 된다"라고 나온다. 놀랍게도, 다시 확인해 보니 앞서 인용한 도서에 나온 번역료에 관한 설명은 통역번역학 박사 이상원 교수의 논문[*]을 인용했다는 주가 달려 있다. 즉, 원고지 1매당 최저

---

[*] 〈한국출판 번역 독자들의 번역평가 규범연구〉(2006)

번역료가 2006년 3,500원에서 2020년 3,000원으로 내렸다는 것이 한 통역번역학 연구자에 의해 이론적으로 증명되었다는 사실. 설마 설마했는데 이럴 수가!

아는 번역가는 많이 없지만, 어찌어찌 SNS를 통해 알게 된 번역가 선생님들께 조심스레 여쭤본 결과에 비추어 보아도 단행본 한 권에 "360만 원에서 420만 원 사이"라는 비용이 출판 번역료에 관한 제일 적절한 설명인 것 같다. 당연히 출판사와 직거래했을 때가 기준이다. 그리고 여느 프리랜서의 세계가 그러하듯 실력이 뛰어나 여러 출판사에서 일을 맡기고자 하고 '이분이 아니면 안 돼', 하는 번역가들은 최저시급이 아닌 업계 최고 대우를 받을 것이다. 돈이 많은 출판사라면 번역료도 넉넉히 지급할 것이다. 그런데도 유명한 번역가 선생님들의 저서를 읽어 본 바에 의하면 1매당 5,000원은 잘 넘지 않는 것 같다. 최저임금위원회에서 최저시급을 정하듯, 문화체육관광부에서 표준 계약서뿐 아니라 공식 최저 번역료 같은 것도 딱! 정해 둔다면, 번역료도 최저시급처럼 매년 조금씩 오르지 않았을까, 하는 아쉬운 마음이 든다(책값은 많이 올랐잖아요!?).

내 목표는 앞으로 여러 출판사와 꾸준히 직거래 관계를 유지하며 프리랜서 번역가로 자리잡는 것이다. 꼭 돈 때문은 아니고, 이것저것 능동적으로 해 보고 싶은 게 많아서 에이전시와 계속 일하다 보면 생길 수 있는 일종의 제약들을 피하고 싶다. 에이전시는 매우 고마운 존재이기도 하지만, 계약상 에이전시를 통해 일했던 출판사와 직거래를 할 수 없다는 조건이 있어서 에이전시를 통해 역서를 많이 낼수록 거래할 수 없는 출판사 리스트가 늘어난다고 판단을 내렸다. 모험하는 셈 치고 개인 SNS를 열심히 하면서 번역가인 내 존재를 알려 보려 고군분투하고 있다. 지금까지 에이전시를 통해 인연이 닿았던 책들은 모두 재밌었고 애착도 갔지만, 앞으로는 내가 국내에 소개하고픈 책을 직접 고르고, 제안하고, 번역까지 이어지게도 해 보고 싶다. (외서 번역 출간을 제안하는 검토/기획서에 관해서는 첨부 파일에 소개하겠다.)

앞서도 말했듯, 자본주의 사회에서 노동의 가치가 돈을 얼마나 버느냐에 달렸다는 사실을 부인할 수는 없다. 그럼에도 자신이 이 길을 선택해야만 하는 이유를 어떻게 알 수 있을까? 생계가 힘들어질지도 모를 일인데 그토록 하고 싶은 일이 있다면, 자본주의 사회의 잣대로 봤을 때 정상 궤도에서 약간은 벗어난 사고일지도 모르겠다. 하지만 정상 궤도를 따라 남들처럼 가야 한다는 외부의 목소리가 아닌 내면에서 들리는 소리에 오랜 시간 귀 기울여 본 사람이라면 알 것이다. 이건 반드시 해야겠다, 나는 해야 한다, 할 수밖에 없다, 뭐 그런 걸 말이다. 앞에서 '돈, 돈' 해 놓고 뒤에 와서 너무 이상적인 소리만 하니 민망하긴 하다.

늘 이런 식이다. 돈 얘기를 먼저 할까 말까, 돈을 밝히는 사람처럼 보이긴 싫은데. 그래도 앞서 인용했던 김남주 번역가의 인터뷰에서 내게 힘을 실어 주는 내용이 있어 소개하며 마무리하겠다. "그럼 번역료, 인세 얘기가 나올 것이고 이 돈을 받고도 행복하겠다 싶으면 번역을 하세요. 나를 행복하게 한 번역으로 독자를 행복하게 만들 수 있을 테니까요. 그리고 돈 얘기를 많이 했으면 좋겠어요. 경력을 쌓아야 하니까 번역료를 따지지 않는 이들도 있는데, 경제 관념을 염두에 둬야 번역가의 지위도 높아져요. 내가 하는 행동이 나비 효과처럼 전체를 바꿀 수 있다는 것을 자각하고 움직였으면 해요." '나비 효과'를 기대하며 한 마디만 덧붙일까 한다. 출판사 관계자 여러분들, 그리고 여러 고객 여러분들! 번역가가 마감 날짜를 지키려고 애쓰듯, 입금 날짜에 별표 세 개 쳐 놓고 입금일을 칼같이 지켜 주시길 간곡히 부탁합니다!

📁 첨부 파일

검토/기획서를 쓰는 법은 에이전시에서 의뢰한 원서 리뷰 작업을 하면서 익혔다. 이후 몇 번인가 직접 번역하고픈 책을 찾아내 '외서 출판 기획서'를 출판사에 보낸 적이 있었는데, 최근 처음으로 기획서가 번역으로 이어지게 되었다. 그 기획서의 일부를 첨부했으니 어떤 형식과 내용으로 작성하는지 하나의 사례로 참고하기 바란다.

〈외서 출판 기획서〉

기획·번역자: 이윤정
(이메일:--- / 연락처:---)

• 기본 정보

원제	New Life, No Instructions: A Memoir
가제	어느 날 뒤바뀐 삶, 설명서는 없음 _ 소아마비의 아픔을 견뎌 낸 퓰리처상 수상 여성 작가의 진솔한 회고록
정보	Random House Trade Paperbacks (2015년 2월 출간, 177페이지)
표지	(이미지)

• 저자 소개

게일 콜드웰 Gail Caldwell

작가이자 문학평론가. 1951년 미국 텍사스 애머릴로에서 태어났다. 텍사스 대학교에서 미국학 석사 학위를 받고 학생들을 가르치다 1981년 서른 살에 작가가 되고자 보스턴으로 향했다. 1985년부터 2009년까지 〈보스턴 글로브〉의 북리뷰 편집자로 일하며 〈빌리지 보이스〉, 〈워싱턴 포스트〉 등에 글을 기고했고, 2001년 현대인의 삶과 문학에 대한 탁월한 통찰력을 인정받아 퓰리처상(비평 부문)을 받았다.

저서로는 네 편의 회고록 《강한 서풍A Strong West Wind》(국내 미출간), 《먼 길로 돌아갈까?Let's Take the Long Way Home》, 《어느 날 뒤바뀐 삶, 설명서는 없음New Life, No Instructions: A Memoir》, 《반짝거리고 소중한 것들Bright Precious Thing》이 있다.

• 책 소개 (내용)

저자는 1951년 생후 6개월 때 소아마비^{polio}에 걸린다. 1955년에 백신이 나오면서 여름마다 대유행하던 폴리오 바이러스의 공포는 막을 내렸지만, 소아마비에 걸렸다가 목숨을 건진 아이들은 신경 마비의 후유증으로 평생 다리를 절뚝거리며 살아야 했다. 게일의 소아마비는 그리 심한 편은 아니었으나 두 살이 지나서도 걷지 못하고 기어 다녔다. 소아과 의사의 말대로 결국 때가 되어 걸을 수 있게 된 그녀는 한쪽 다리를 절었다. 하지만 신체의 불편함은 수영을 향한 어린 게일의 열정을 막지 못했고, 성인이 되어서는 친구 캐럴라인 냅과 함께 로잉을 즐기고, 덩치 큰 썰매견도 키우는 등 여러 반려견의 반려인으로 살았다.

평생을 미혼으로, 아이도 갖지 않고 살아온 게일은, 예순을 앞둔 시점에서 이 책을 집필하며 "희망과 희망의 부재에 관해, 그리고 어떻게든 살아가는 법에 관해" 이야기하고 싶다고 고백한다. 이 책에는 작가로서의 커리어와 문학 작품에 관한 내용은 거의 없다. 대신 소중한 벗 캐럴라인, 대담했던 어머니, 든든한 버팀목이었던 아버지, 충실한 반려견 클레멘타인의 죽음을 겪으면서 그들과 함께했던 시간을 회상하는 내용이 주를 이룬다.

클레멘타인이 죽은 뒤, 게일은 오른쪽 다리가 점점 약해지는 와중에도 새 반려견 튤라를 입양한다. 튤라의 임무는 "비탄의 산사태에서 한 인간을 구조하고", "날마다 앞을 보고 나아가야 할 필요성을 입증하는 것"이었다.

소아마비 후유증은 치료할 수 없는 증상이었기에, 게일은 수년간 일시적인 치료 요법이나 통증 완화제로 버텼다. 그러던 어느 날 한 의사의 제안으로 엑스레이를 찍어 본 게일은 통증의 원인이 소아마비 후유증이 아니라 퇴행성 관절염이란 사실을 알게 된다. 진즉 알았더라면 약 15년을 다리를 절룩이지 않고 살았을 것이란 걸 알고도 그녀는 "계속 살아가라고, 신이 이렇게 한 번씩 도와주신다"라고 말한다. 그렇게 고관절 대치술을 받은 게일은 자신을 규정했던 '소아마비'라는 정체성에서 예기치 않게 벗어나며 또 다른 관점으로 인생을 바라본다.

그런 점에서 이 이야기는 일반적인 '질병 극복기' 성격의 회고록은 아니다. 하지만 중년을 지난 시점에, 삶의 지도에서 그려 본 적이 없는 낯선 역에 정차한 게일은, 새로운 장소에 서 있는 이도 여전히 자기 자신이며, 그 자리에서 다시 앞으로 나아가야 함을 깊은 통찰을 담아 전하고 있다.

• 기획 의도 및 의견

　게일은 첫 번째 회고록 《강한 서풍》(국내 미출간)에서 보수적 성향이 강한 텍사스에서의 성장기와 문학과 함께한 모험담을 주로 들려주었고, 《먼 길로 돌아갈까?》에서는 42세의 나이로 세상을 떠난 작가 캐럴라인 냅과의 우정과 애도를 다뤘다. 그리고 2020년 여름에 출간된 《반짝거리고 소중한 것들》에서는 다섯 살짜리 이웃집 소녀 타일러와의 우정을 계기로 과거 여성운동이 자신의 삶에 미친 영향을 되돌아보며, 작가라는 꿈을 붙들고 자신을 지켜 낸 이야기를 담담하게 전했다.

　최근 게일의 친구 캐럴라인 냅의 에세이 《명랑한 은둔자 The Merry Recluse》가 국내에 출간되어 수많은 독자의 공감을 사고 사랑을 받았다. 그와 동시에 캐럴라인 냅의 이전 출간작 《드링킹 Drinking》도 다시 관심을 받고, 《욕구들 Appetites》도 재출간될 예정이라는 소식이 들려온다. 이는 한국 출판 시장에서 여성 에세이가 막강한 흐름이 된 현상을 대변한다.

게일이 캐럴라인과 그 누구보다 친밀히 교류한 작가인 만큼, 그의 글은 캐럴라인의 저작과 마찬가지로 독자들의 공감을 불러일으킬 수 있는 요소를 충분히 담고 있다. 게일의 이전 국내 출시작들이 냅과의 우정과 애도, 혹은 '페미니즘'이라는 주제를 내걸고 독자들에게 어필했다면, 《어느 날 뒤바뀐 삶, 설명서는 없음》는 게일의 개인사에 더 초점을 맞춘 책이다. 1인 가구와 애견 인구가 증가하는 시점에서, 누구보다 깊은 고독과 외로움에 내몰려 보았을 그녀가 꿋꿋하게 자신을 지켜 오며 가족, 지인뿐 아니라 반려견들과도 진실한 사랑과 우정을 나눈 이야기는, 과거와 현재를 아우르는 서사로 기존의 여성 독자뿐 아니라 더 넓은 독자층에 위로를 건네리라 생각한다. 이에 질병의 속박이라는 희망의 부재 속에서도 결코 희망을 잃지 않고 거친 인생을 다져 온 게일은 퓰리처상 수상 작가의 명성에 부합하는 깊은 통찰과 필력으로 어려운 시국을 견뎌 내고 있는 국내 독자들에 희망과 연대, 그리고 휴머니즘의 씨앗을 심을 것이다.

• 현지 반응(아마존 기준)

독자 평점: 4.2 / 5점 (리뷰 160개)

"게일 콜드웰은 좋은 벗, 자매, 혹은 엄마가 전해 줬으면 싶은 지혜와 품위를 우리에게 건넨다. 그의 팬들뿐 아니라 새로운 독자들도 게일의 목소리에서 편안함을 느낄 것이다."

- 〈보스턴 글로브〉

"통찰과 지혜로 가득한 글이다… 모르긴 몰라도, 콜드웰은 쓰고 싶은 건 뭐든 써낼 수 있을 것이다. 오랜 시간 싱글로 지내 온 여성이 전하는 대담한 이야기들은 최근 들어서야 두드러지기 시작했다. 콜드웰이 우리에게 들려줄 이야기는 아직 너무나도 많다."

- 케이트 볼릭, 〈뉴욕타임스 북리뷰〉

"아름다운 회고록이며 명쾌하고 현명하다. 우리는 살아가며 수차례 어른이 되는 경험을 하는데, 그 과정에서 빛을 비추고 손을 내밀어 줄 선배가 필요하다. 콜드웰이 들려주는 감동적인 이야기는 마음을 사로잡는다. 나는 이 책을 읽으면서 어떻게 하면 눈을 더 크게 뜨고, 넓은 마음으로 전진해야 할지 값진 지침을 얻은 기분이 들었다."

- 대니 샤피로, 《Devotion》, 《Slow Motion》의 저자

"게일 콜드웰의 글을 읽으며, 다시 한번 단상에 올라 퓰리처상을 받는 작가의 모습을 떠올려 본다. 옅어 보이는 바람에도 삶이 거칠게 흔들릴 수 있으며, 사랑하는 반려견과 함께 하는 시간이 근본적인 인간애에 얼마나 이로운지를 보여 주는 게일의 회고록은 중년이라는 시기에 여기저기서 불어닥치는 바람에도 삶을 극복한다는 게 무엇인지를 알게 해 준다. 서정적이고 맵시 있게, 그리고 의기양양하게 써 내려간 글을 읽노라니, 살면서 이토록 솔직한 회고록을 다시 만나게 될까, 하는 생각이 들었다."

- 다린 스트라우스, 《Chang & Eng》, 《Half a Life》의 저자

- 본문 구성 및 샘플 번역

: 책의 목차와 구성을 설명하고, 글의 느낌을 잘 보여 줄 수 있는 네 군데에서 발췌 번역했다. (정보를 전달하는 책이라면 각 장의 내용을 요약한 뒤, 서너 군데 중요한 부분을 발췌 번역함)

* 마지막으로 종합적인 의견을 작성할 때는 장단점을 분석해 출간 시 보완할 점을 제안하거나, 유사 경쟁 도서를 분석하고 마케팅 관련 의견을 제시하면 좋다.

• 기획·번역자 소개

: 자신의 역량을 잘 드러낼 수 있는 이력과 역서 등의 정보를 제공하거나, 역서에 실었으면 하는 프로필을 작성한다.

9장

번역가

되 길

참

잘
했
어
요

효능이 있든 없든, 멋이 있든 없든,

결국 우리에게 있어서 가장 소중한 것은

대부분의 경우, 눈에는 보이지 않는

(그러나 마음으로는 느낄 수 있는)

어떤 것임이 분명하다.

그리고 진정으로 가치가 있는 것은 때때로 효율이

나쁜 행위를 통해서만이 획득할 수 있는 것이다.

비록 공허한 행위가 있었다고 해도,

그것은 결코 어리석은 행위는 아닐 것이다.

나는 그렇게 생각한다. 실감으로써,

그리고 경험칙으로써.

- 무라카미 하루키, 《달리기를 말할 때 내가 하고 싶은 이야기》
(문학사상, 2009, 임홍빈 옮김) 중

최근 하루키 에세이에 푹 빠져 지냈다. 일상에서 건진 이야기들을 신선하고도 재치있게 풀어내는 그의 글이 좋았고, 소설가로서의 신념도 본받을 만했다. 특히 번역에 대한 애착을 드러내는 내용이 등장할 때면 너무도 반가웠다. 나는 번역이란 말만 들어도 설레고 얼굴을 들이밀어 기웃거리고 싶은 사람인데, 하루키가 번역의 고충이나 보람을 말할 때면 동질감을 느껴 더 좋았다. 그뿐만 아니라 국적도, 세대도, 성별도 다른 그의 글을 읽다 보면 나와 결이 비슷하다고 느껴지는 대목이 꽤 많았다.

하루키는 대학을 졸업하기도 전에 도저히 회사에 다닐 체질은 아닌 듯하여 가게를 운영했다고 한다. 어릴 적 운동회를 너무도 싫어했다는 점을 설명하는 부분에서 "그것은 위로부터 '자, 해라' 하고 강요된 운동이었기 때문이다. 자신이 하고 싶지 않은 것을 자신이 하고 싶지 않을 때 강요받는 일을 예전부터 참을 수 없었다"라고 쓴 대목을 보고는 '와, 이거 내 이야긴데?' 하고 밑줄을 긋지 않을 수가 없었다. 회사 다니는 게 체질인 사람이 어디 있겠느냐만, 나 역시 '참을 수 없었기에' 여러 번 회사라는 조직에서 도망 나온 사람이었다.

내 사전에 승진이란 없어도 됨

나는 대학교 졸업 후 아주 잠깐 여행사에 다녔고, 이후 영문 매뉴얼을 제작하는 회사에도 몇 년 다녔다. 공채로 입사한 뒤 한 달도 채 다니지 않고 도망 나왔던 여행사에서는 주로 "윤정아" 또는 "야, 이윤정"이라고 불렸는데, 사직서에다가 "회사 분위기가 너무 보수적임"이라고 아주 맹랑하게 써 놓고 나왔다. 사원직으로 3년 가까이 일했던 두 번째 직장에서는 "윤정 씨" 혹은 "윤정아"로 불렸다. 회사를 다닐 때 나는 늘 팀장님과 여러 상사를 미워했다. 상사가 뭘 가르쳐 주느라 지적할 때마다 "네!"라고 고분고분 대답하면서도 '니가 뭔데?'라는 내적 말대꾸를 달고 살았으니 약간 뒤틀린 성품을 가진 인간이었다고 할 수 있겠다.

아침부터 회의에 들어가 팀장님의 '일해라 절해라' 소리를 듣고 있으면 존재론적인 의문이 스멀스멀 기어올라오다 결국 미움과 분노로 변하곤 했다. '팀장님 잔소리 듣는 것도 다 월급에 포함된다'고 남편이 현실적이고도 성숙한 조언을 해 주었지만, 자꾸만 누군가가 미운 마음이 들자 내가 점점 나쁜 사람이 되어 가는 기분이 들어 그게 더 싫었다. '월급은 반만 받아도 좋으니 잔소리 좀 안 듣고 일했으면…'하고 마음으로 중얼댄 적도 있었는데, (말이 씨가 됐는지) 대략 현실이 되었네?

대책도 없고 경력이 조금 아까운 마음도 들어 당장 회사를 그만둘 용기가 없었는데, 육아를 핑계로 어쩔 수 없는 척하며 정말 두근대는 마음으로 사직서를 썼다. 그렇게 나의 사회 생활 경력은 사원으로 시작해 사원으로 끝났다. 승진해서 주임이 되고 대리도 되어 인정받는 친구들을 보면서 부러운 적이 없었다면 거짓말이지만, 아무리 승진을 한다 해도 회사에서 내가 앉고 싶은 자리는 한 군데도 없었다. 내가 머물고 싶고 앉고 싶은 곳은 내 방, 내 책상 앞이었으니까. 그것도 오롯이 혼자서 말이다. 승진은 결국 못 해 봤어도 요즘은 '이윤정 번역가님', '이윤정 선생님' 소리를 들으며 일하고 있으니 직함만 보면 초고속으로 승진한 듯한 착각도 든다.

자기만의 책상

초등학교 저학년 때 처음으로 나만의 책상을 가졌다. 오빠와 같은 방을 쓰면서도 책상만큼은, 책상 서랍과 책꽂이만큼은 나만의 공간, 내 것이었다. 책상에 앉아 누구의 방해도 받지 않고 이런저런 생각을 하고 끄적거리는 시간은 늘 소중했다. 네 명이 한방을 쓰는 대학교 기숙사에도 내 책상이 있어서 다행이었고, 자취방에 살 때도 늘 나만의 책상이 부재했던 기억은 없다. 폴란드에서 교환 학생으로 지낼 때 영어 회화를 연습하려고 기숙사를 정리하고 영국, 네덜란드, 이탈리아 친구와 집을 구한 적이 있었다. 거실을 커튼으로 나누고 침대와 책상 중 하나만 선택해야 했던 나는 아주 당연하게 책상을 택했다. 침대를 사용하게 된 네덜란드 친구가 너무 고마워하길래

'뭘 저렇게 고마워하지?'라고 생각했는데, 아차, 온돌 바닥이 아니었다. 이불을 깔고 자면 괜찮을 거라 안일하게 생각했던 나는 겨울 내도록 패딩을 껴입고 덜덜 떨며 혹독한 밤을 보내야 했다. 그래도 책상에 앉아 일기 쓰고 책 읽고 나날이 계획 짜던 시간은 잃기 싫은 소중한 순간이었다.

그토록 회사에 일하러 가기 싫어했던 나는 요즘 책상으로 출근할 때 가장 설렌다. 내 작업 책상이 놓인 방은 남편 옷방이자, 게임방이자, 책꽂이 방이자, 게스트 룸이자, 헤어드라이어를 사용하는 방이지만, 내가 책상에 앉아 읽고 번역하고, 혹은 참고하던 책들을 한가득 쌓아 두어도 누구 하나 뭐라 할 사람 없는 나만의 방이다(안타깝게도 잠금장치는 고장이 났다). 서른 중반에 두 아이의 엄마인 나는 일이 있건 없건 매일 이곳으로 출근한다. 일단 책을 펼치거나 컴퓨터를 켜고 이메일을 살피면서 엄마에서 번역가로 자연스레 페르소나를 갈아입는다. 얼마 전 친한 언니가 글 쓰는 여성들을 소개한 책*을 선물해 주었는데, 훌륭한 작품을 남긴 여성 작가 중에는 자기만의 책상조차 갖지 못했던 이들도 많았다고 한다. 예컨대 "노벨문학상 수상자인 토니 모리슨은 식기와 빵 조각이 어질러진 부엌 식

---

* 《글쓰는 여자의 공간》(이봄, 2020)

탁에서 글을 썼다. 중국 작가 장지에는 화장실 변기 위에 널판때기를 올려놓고 앉아 육백 쪽에 달하는 장편소설을 썼다"라는 설명을 접할 수 있었다.

내가 그들처럼 고전을 남길 만한 대작가는 못 되지만, 집중할 수 있는 자기만의 공간과 시간을 가졌다는 사실에 감사한 마음이 든다. SNS에 보면 작가나 번역가들이 작업하는 공간이나 컴퓨터 화면 등을 예쁘게 찍어서 올리곤 하는데, 내 생각에 그건 관심받고 싶어서도 아니고 자랑하고 싶어서도 아닌, 진심으로 그 장면이 아름답고 설레고 뿌듯하기 때문이지 싶다. 누가 시켜서, 돈 때문에, 억지로 앉은 책상이 아닐 테니까.

그런데 혼자 일하는 게 좋다고 했지만 다른 번역가들은 어떤 환경에서 어떻게 일하나 은근 궁금해지기도 한다. 초반에는 좋은 정보가 있나, 싶어서 네이버의 '주간번역가'나 다음의 '번역 사랑' 카페 등의 커뮤니티에 가입해 눈팅만 했다. 그러다 다른 번역가들은 어떤 생각을 하고, 어떤 계획을 품고, 혹은 어떤 고충을 호소하나 더 자세히 들여다보려고 인스타그램에 들락거리기 시작한 나는 '#번역가의일상'이라든지, '#출판번역' 등의 해시태그를 열심히 찾아 팔로우를 신청했다.

No Man Is An Island

영화 〈어바웃 어 보이(2002)〉를 봤다면 첫 장면부터 등장하는 "No man is an island"라는 문장을 기억할 것이다. 그때 주인공을 연기한 휴 그랜트가 "In my opinion, all men are islands"라고 받아치며 영화는 시작된다. 나 역시 누구의 간섭도 없이 혼자 일하고 싶어 번역가의 꿈을 키운 면이 있긴 해도, 내심 번역가라는 정체성을 가진 무리(그런 게 있다면)와 연결되고픈 마음이 늘 있었다. 그래서 번역가들의 책을 사서 읽고, 인터뷰를 찾아 읽고, SNS에서 알게 된 번역가들에게 적극적으로 알은체도 하고 그랬다. 딱히 소속감이라고 할 만한 건 없지만 가느다란 실타래를 풀어서 문지방을 넘어, 도시 경계를 넘어, 바다를 건너 모두 연결된 듯한 느슨한 연대감을 (혼자) 실감하는 게 좋았다. 공감 가는 점이 너무나도 많아서, 하지만 서로에게 부담이나 의무감을 전혀 안기진 않아서, 어쩌다 소심하게 기분이 상했다면 늘어진 실 한 가닥을 가위로 싹둑 잘라도 표가 잘 안 나서, 그러다 다시 실을 묶어 팽팽하게 당기면 언제든 기꺼이 마음을 내주는 분들도 있어서, 그저 그런 게 좋았다고나 할까.

얽매이는 걸 싫어하는 내겐 이 정도의 소속감이 딱 좋다. 특히 내 눈에 대단해 보이는 번역가들의 내밀한 고백을 마주할 때면 은밀하고도 심심한 위로가 된다. 홍한별 번역가가 어떤 책 옮긴이의 말에서 "실력도 경험도 부족했던 내가, 감히 따라갈 수 없는 사고의 범위를 헤아리지도 못한 채로 흉내만 내듯 내놓은 결과물이 어떠했을지, 지금은 다시 들여다보기 두려울 정도다.*"라고 쓴 문장을 읽었을 때, 나의 두려움과 고충, 애씀과 치열함을 모두 이해받는 느낌이 들었다. SNS에서 직접 좋은 말씀을 해 주시는 선배 번역가를 만나면 덤으로 큰 선물을 얻은 기분이다. 내가 인스타에 "번역가로 언제쯤 자리잡을 수 있을까?"라는 고민을 털어놓았을 때, 호프 자런 Hope Jahren의 《랩 걸》을 옮기신 번역가 김희정 선생님이 댓글인가 DM으로 '번역에 손을 놓지만 않으면 된다. 번역이 번역가를 놓는 일은 없

---

* 〈우리가 사는 방식〉 (코쿤북스, 2021)

다'라는 메시지를 주셔서 적잖이 놀라고 감동을 받았다. 당연히 '열심히 하면 될 거야', '노오력' 류의 응원과 조언을 예상했던 나는 선생님 덕분에 막연한 불안을 작은 확신으로 바꿀 수 있었다. 선배들의 조언, 동료의 응원, 독자의 격려, 이 모든 것은 내가 번역가가 되었기에 누릴 수 있는 사치다.

SNS에서 '번역 일감 주세요. 열심히 할게요!'라고 아무리 외쳐 본들 모르는 출판사에서 '의뢰할게요' 하고 연락이 오진 않겠지만, 관심 있게 서로를 지켜보고 역서도 읽어 본 동료 번역가들이 번역 의뢰를 받았을 때 일정이 안 되면 나를 소개할 수도 있고, 독자가 누군가에게 내 번역을 추천할 수도 있으니, 그 또한 덤으로 받는 선물이다. 실제로 몇 달 전 인스타에서 알게 된 번역가 선생님이 새로운 출판사로부터 문의를 받았을 때 일정이 안 맞았는데, 나를 추천해 주셔서 그 출판사와 일하게 되었다. 내가 "All men are islands"를 고집하며 계속 '혼자, 혼자서'만 추구했다면, 미국에서 출판사를 차리고 번역가를 찾던 어느 젊은 대표님과도, 내 역서를 읽고 같은 저자의 다른 책도 국내에 소개되었으면, 하고 바라던 어느 작가님과도 연결될 가능성은 없었을 것이다.

당연히 또 뿌듯하기만 한 건 아니다. 번역가는 늘 '오역을 하면 어떡하지'라는 불안을 안고 살기에 안 그래도 거북목인데 마음마저

웅크리고 지내는 경우가 허다하다. 내가 옮긴 문장은 나 혼자, 혹은 고객만 보고 마무리되는 게 아니라 누구나 볼 수 있는 책으로 나오기 때문에, 어느 누가 판단하고 검증할지 모른다. 그래서 더 심혈을 기울여 번역하지만 '발 번역이네, 아무나 번역하네' 같은 공개적인 비난을 들을까 늘 조마조마하다. 외화 번역으로 유명한 황석희 번역가는 지하철에서 "이 번 역 은"이라고 뜨는 전광판만 봐도 움찔한다고 했다.* 귀로 대사를 들으며 눈으로 번역을 보는 관객 중에는 자막이 마음에 안 들면 번역가에게 마구 공격을 퍼붓는 인간들도 있다고 한다. 팔은 안으로 굽는다고, 악의적인 비난을 찾아 읽었을 당사자의 마음을 생각하니 내 속도 부글거렸다. 위액이 역류하는 것처럼 속이 쓰렸다. 번역가도 사람이라 실수할 수 있고, 독자도 관객도 사람이라 비용을 지불하고 보는 콘텐츠에 오류가 보이면 짜증이 날 수 있다. 그렇지만 오역 지적이 모진 악플처럼 공격의 수단이 되지 않기를 바란다.

"어떤 책에 오역이 많다, 어떤 번역가가 오역을 한다고 지적하는 광경을 볼 때, 나는 갈수록 뒤로 물러서고 말을 삼가게 된다. 어떤 것이 나쁜 번역인가를 지적하는 것은 한순간이지만, 좋은 번역이란

---

* 〈월간 채널예스〉 2020년 8월 수록, 〈황석희 칼럼〉

어쩌면 서로 다른 두 (사람의) 세계가 열려 소통하는 기적이 벌어지는 장場이며, 그것이 발생하기 위해 축적되어야 하는 시간과 지식과 훈련과 고됨은 평생을 요구하기도 하기 때문이다. 그것은 새로운 의미를 탄생시키는 인간의 모든 행위가 그러하듯 사랑이 없다면 이뤄질 수 없는 일이라고 나는 믿는다."*

실수와 비난이 겁나서 더 큰 보람을 놓칠 수는 없지 않나. 나는 위 문장을 자주 들춰 보며 고마워한다. "좋은 책 잘 번역해 주셔서 감사합니다"라는 독자의 말 한마디에 힘을 얻어 또 한 걸음 나아가는 나를 발견한다. 어려운 텍스트를 접할 때마다 자신감이 뚝 떨어지다가도, 친절하고 능수능란한 번역 기술자가 되고 싶고 더 잘하고 싶은 마음이 간절하다. 지극히 힘든 앞날이 훤히 내다보일지언정 그 길을 즐거이 헤쳐 나갈 각오가 된 사람이 바로 나다.

행복이란 게 별건가? 한 단어, 한 문장을 두고 치열하게 고민하다 마침내 번역한 문장이 마음에 쏙 들 때, 몇 달간 붙들고 있던 역서가 출간돼 증정본이 도착하면 오탈자가 보일까 실눈을 뜨고 책장을 펼치다가도 이내 좌라락 종이 냄새를 맡으며 결과물의 물성을

---

* 은행나무, 〈Axt〉, 2020년 7~8월호 수록, 'intro' 중, 박여영 편집자

느낄 때, 표지나 책날개에 찍힌 내 이름 석 자와 프로필을 확인할 때, '살다 나온' 작품의 장면들을 회고하고 인상 깊은 문장들을 훗날 곱씹을 때, 아이들과 놀이터에서 놀다가도 집에 들어와 책상 앞에 앉는 순간 번역가로서의 자아를 만날 때, 그리고 무엇보다도 내가 그토록 하고 싶고 잘하고 싶던 일을 하면서 '고맙다', '멋지다'라는 말을 들을 때, 그런 작지만 소소한 보람과 재미들을 '실감으로써, 그리고 경험칙으로써' 알 때, 행복하게 일하고 있다고 느낀다. 그래서 번역하며 뭔가를 깨닫는 순간순간을 일일이 붙들고 기록하려 애쓰는지도 모르겠다. 이런 소소하지만 확실한 뿌듯함(일명 소확뿌)이나 재미가 없다면 앞으로 나아갈 추진력이 생기지 않을 것 같다.

10장 질문과 답변

Q1.
번역가의 삶에
어느 정도 만족하시나요?

출판 번역은 꼭 하고 싶던 일이기도 하고, 일하는 과정 자체에서 재미와 보람을 느끼기 때문에 번역가의 삶에 꽤 만족합니다. 수입이 눈에 띄게 많아진 것도, 인지도가 생긴 것도 아니라서 어떻게 보면 외적인 상황에는 크게 달라진 게 없습니다. 하지만 다양한 책을 번역하는 과정에서 식견이 넓어지고, 앞으로도 어떤 작품과 인연이 닿을지 몰라 늘 기대되고 설렌다는 점도 만족도에 영향을 주는 부분입니다.

Q2.
번역한 책들 중에
가장 애정이 가는 책과
그 이유는 무엇인가요?

저자의 내밀한 사연과 감정을 문장으로 읽고 옮긴 여러 회고록에 오랫동안 마음이 갑니다. 게일 콜드웰, 카일리 레디, 그리고 가장 최근엔 말을 더듬는 어느 작가의 회고록을 옮겼는데요, 작업 내내 저자의 세계에서 허우적거리며 늘 골똘히, 자주 떠올리고 생각해서 그런지 작품을 통과하고 난 이후의 저는 이전의 저와 조금은 다른 사람이 되어 있는 것 같습니다. 수치화할 수는 없어도 그런 미미한 변화들을 저는 분명 느낍니다.

Q3.
어떤 분야의 책을 번역하고 싶으신가요?
그 이유는 무엇인가요?

문학적인 텍스트를 번역할 기회가 많으면 좋겠습니다. 읽고 옮기기에 더 난해한 경향이 있지만, 그런 만큼 재미도 감동도 성취감도 한층 더해집니다. 때로 원서 텍스트를 읽고 울컥하기도 하면서 독자의 마음을 만지고 사유할 거리를 던지는 문장들을, 그리고 마침내 하나의 아름다운 숲을 옮길 수 있다는 건 행복한 일입니다.

Q4.
여러 분야의 번역 중 도서 번역 일을 선택한 이유는 무엇인가요?

우선은 스스로 읽고 싶은 콘텐츠를 번역하고픈 마음이 제일 컸고, 고객뿐 아니라 대중도 읽는 텍스트를 일종의 사명감을 가지고 다루고 싶었습니다. 상용 번역을 했을 때는 제가 번역한 결과물이 어디에서 누구에게 읽히는지 뚜렷하게 확인할 길이 없었을뿐더러 피드백을 받지도 못해 조금 막연하고 아쉬웠습니다. 그리고 출판 번역은 일정이 서너 달 정도로 긴 편이어서, 아이 키우는 엄마로서 급한 일이 생겼을 때 시간 운용이 가능합니다.

Q5.
책 번역과
영상 번역은
많이 다른가요?

영상 번역을 할 때는 자막 작업과 더빙 작업에서 오는 여러 제약을 고려해야 한다고 알고 있습니다. 장면이 전환됨에 따라 사라지는 자막을 관객이 놓치지 않도록 하려면 제한된 글자 수로 내용을 명확하게 전달해야 하니까요. 그리고 흔한 경우는 아니겠지만 스크립트 없이 귀로만 들으면서 번역해야 할 때도 있을 것입니다. 번역을 전업으로 하시는 분 중 출판 번역과 영상 번역을 겸하는 분은 거의 없다고 알고 있습니다. 그만큼 두 분야의 작업 특성이 다르다는 거겠죠?

Q6.
번역가로서 반드시 갖춰야 할 자질은 무엇이라고 생각하시나요?

책 한 권을 번역하다 보면 끈기 있게 파고들어야만 풀리는 부분이 반드시 나옵니다. 그래서 두세 달 동안 꾸준히 진도를 나가기 위한 성실함은 기본이고, 끈기와 집념도 중요한 자질이라 생각합니다. 소위 말하는 '공부력'도 있어야 합니다. 늘 새로운 내용을 읽고 이해하려면 일단 공부하는 걸 좋아해야 하고, 학습 능력도 웬만큼은 있어야 합니다. 두껍고 낯선 원서를 받았을 때 밀려오는 막막함을 이겨 내려면 그런 힘이 필요합니다.

Q7.
번역가로 자리잡기까지 보통 얼마 정도의 시간이 걸리나요?

'자리잡는다'라는 개념의 기준이 다 다르고, 저도 아직 자리잡았다고 할 수 없기에 뭐라 명확히 말씀드릴 수는 없는데, 《번역가 모모 씨의 일일》에서 박산호 번역가의 설명을 빌리자면, "정기적으로 번역 일거리가 들어오는 데까지 3년이 걸렸다"고 합니다. 하지만 여러 번역가의 사례를 볼 때, 재능과 운에 따라 자리잡는 시기와 방식은 천차만별인 것 같습니다. (2025년 현재 번역가로 자리잡는다, 혹은 성공한다는 개념은 없다는 쪽으로 마음이 기울었습니다. 그저 기회를 찾고 잡으면서 나아가는 거겠죠.)

Q8.
번역가로서 앞으로 이루고 싶은 목표가 있으신가요?

의미 있고 유익한 작품을 꾸준히 옮기면서 여러 작가의 세계에서 살아 보고, 독자에게 그 경험과 지식을 고스란히 전하는 직업인으로 성장하고 싶습니다. 원대한 포부 같은 건 없습니다. 다만 이 직업 자체가 사라지지 않길 바라는 현실적인 태도로 할 수 있을 때까지 최선을 다하고 싶네요. 그리고 번역가라는 정체성을 중심에 두고 다양한 작업을 시도하며 다채로운 경험을 해 보고 싶습니다.

Q9.
번역가를 꿈꾸는 사람에게 해 주고 싶은 조언이 있으신가요?

저도 여전히 꿈꾸는 이들 중 하나입니다. '번역가'라는 타이틀을 가진 사람들은 다양한 모습으로 활동하고 있고, 저는 아직 제가 꿈꾸는 번역가의 모습에 이르지 못했습니다. 번역을 향한 애정과 절실함이 있다면, 입으로는 '현실적으로 힘들다'라고 말할지언정 손에서 공부를 놓지도, 관심을 버리지도 말라고 말해 주고 싶습니다. 그렇게 놓지만 않으면 뭐라도 하게 됩니다.

나가며

감사한 분들을 일일이 호명해 인사를 전할까도 생각했으나 엄두가 나지 않는다. 다만 번역가가 되길 정말 잘했다고 느꼈던 '반짝거리고 소중한' 순간들을 떠올리며 책을 마무리하고 싶다.

나는 번역에 대한 말들을 수집한다. 최근에는 다음의 문장과 비유들을 손에 넣었다. 노벨문학상 수상 작가인 폴란드 소설가 올가 토카르추크는 "언어라는 건, 결국 달을 가리키는 손가락이다. 번역가들 덕분에 독자들은 손가락이 아니라 달을 볼 수 있다."라고 말했다. 소설가이자 번역가이기도 한 줌파 라히리는 원작과 번역의 관계를 '나르키소스-에코' 신화에 비유했는데, 에코는 아름다운 청년 나르키소스를 사랑하고 욕망함에도 메아리가 되는 벌을 받은 탓에 자신의 마음을 표현하지 못하고 그의 말을 따라 할 수밖에 없는 처지에 놓인 인물이다. 문학평론가이면서 번역도 하는 윤경희 작가는 저서 《분더카머》에서 "스승이 사라진 공방의 도제처럼 시행착오를 거듭하면서 묵묵히 연마"하는 고독한 과정을 번역에 빗대며 "타자의 언어와 부단히 접촉하면서 자기의 언어를 포기하지 않는 사람에게 번역은 기꺼이 수행해야 하는 업무"라고 썼다.

이처럼 번역이란 행위에 의미를 부여하는 말들은 내가 땅바닥에 붙어 납작해지지 않도록 부풀려 허공에서 떠다니게 해 준다. 뜬구름 위로 두둥실 띄워 주는 게 아닌, 단단한 동아줄을 내려 붙들게 하는 방식으로. 언제나 필요할 때마다 메타포의 정령들은 어떻게 알고 눈앞에 나타나 내가 계속 매달려 있도록 도와주었다. 물론 그것들은 내가 뽑아 들어 펼친 책 속에서 등장했으므로, 늘 책을 애정하며 곁에 두었기에 받을 수 있는 도움이었다.

언젠가 두어 달 일이 없고 성심성의껏 준비한 기획서가 연이어 반려되었을 때, 가족들 앞에서 한숨을 내쉬며 "그냥 번역가 그만둘까"라고 말한 적이 있다. 그러자 내 에세이를 읽었던 (5학년) 첫째가 대꾸했다. "번역가가 되고 싶다는 책을 썼으면 책임을 져야지, 엄마." 아무도 책임을 묻지 않을 테고 법적 책임 따위도 당연히 없지만, 그 말은 내게 수치화할 수 없는 어떤 묵직함으로 다가왔다. 잘은 몰라도 내 글을 읽고 꿈과 의지를 다진 독자들을 향한 부채감이거나 스스로 초심을 되돌아볼 때 올라오는 결연함의 무게였으리라.

가끔 구글에 들어가 '번역가 이윤정'이라고 검색하는 (3학년) 둘째는 얼마 전 이렇게 물었다. "엄마는 유명해, 무명해?" 한자를 좋아하는 아이가 조합해 낸 귀여운 질문에 나는 또 한참을 진지하게 생각에 잠겼더랬다. 그러다 이렇게 대답했다. "엄마, 하나도 안 유명해. 그런데 이름이 '없을 무'는 아니지. 엄마가 열심히 번역한 책에는 엄마 이름이 있잖아? 그러니까 '있을 유', '이름 명'! 유명한 것도 맞아. 꼭 많은 사람이 엄마를 알아야만 하는 건 아니야." 누구라도 자신을 거쳐 간 책에 있어서만큼은 유명할 권리가 있다. 그것이 책에 이름 찍히는 사람들의 운명 아닐까.

그동안 나를 믿고 일을 맡겨 주신 편집자 선생님들께, 나름 표현했던 것보다 훨씬 더 깊이 감사드린다는 점을 이 지면을 통해 전하고 싶다. 특히 나의 제안에 관심을 가져 주시는 편집자님들께는 절이라도 하고 싶은 심정이다. 최근엔 '무조건' 내가 번역하고픈 외서를 발굴해 검토하고 제안한 적이 있다. 오랜 시도와 기다림 끝에 책과 정말 결이 잘 맞는 출판사의 편집자님께서 손을 내밀어 주셨을 때, 그 메일을 받고 도서관에서 흐느껴 울었다. 그림책 《나는 강물처럼 말해요》와 소설 《내가 말하고 있잖아》를 읽고 영감을 받아 기획과 제안에 정성을 다한 책이었는데, 특히 아리송한 의문을 품은 채 오래 마음에 간직했던 소설 저자의 어느 문장이 편집자님 마음을 움직였다는 사실에 감동이 배가되었다. 캡처해서 보관 중인 짧은 이메일을 더 오래 간직하고 싶어 그대로 책에 싣는다. (인용을 허락해 주신 이다연 편집자님 감사합니다!)

"오월의봄에서 진행해보고 싶습니다 선생님. 비장애중심주의를 대중적으로 짚어줄 수 있는 회고록이라는 데 확신이 들었구요. '당신이 말하면 내가 듣겠다는' 깨달음을 마음 깊이 안겨주는 책이라는 데 저도 마음이 동한 것 같습니다. 애정과 수고 어린 제안과 설명에 다시 한 번 감사드립니다."

SNS를 통해 꾸준히 친분을 쌓아 온 동료 번역가들의 존재도 정말 귀하다. 서로의 역서를 교환하며 더 널리 읽히지 못한 아쉬움을 달래는 순간조차 마냥 즐겁다. 몇몇 선생님을 오프라인에서 만난 적이 있는데, 현업에서 활발히 일하시는 분들이 내 에세이를 읽고 챙겨 와 사인해 달라고 책을 내밀 때는 그 다정함에 마음이 녹아내렸다. 말 그대로 감개무량한 잊을 수 없는 순간들이다. I 성향이 다분한 나도 그들 앞에서는 매일 보는 직장 동료처럼 명랑한 수다쟁이가 된다. 그리고 생각지도 못했던 누군가가 내 역서와 저서를 읽고 주변에 추천까지 했다는 사실을 알게 됐을 땐 모든 힘듦을 보상받는 기분이었다. (추천사를 부탁드렸을 때 흔쾌히 도와주신 김희정, 김고명 선생님께 다시 한 번 깊은 감사의 마음을 전하고 싶다.)

가족을 향한 마음은 글로 표현할 방법이 없다. 나의 부모님, 어머님, (그리운 아버님!), 오빠랑 새언니, 그리고 형님들을 비롯한 가족분들 모두에게, 어쩐지 부끄러워 감사하고 사랑한다는 흔한 말로 인사를 대신한다. 그리고 가끔 일하다 말고 남편에게 장난스레 고맙다고 카톡을 보내곤 하는데, 그건 정말로 진심이며 더 자주 하고픈 말임을 알아주면 좋겠다. 남편과 두 아이의 묵묵한 지지와 응원이 없었다면 여러 도전과 시도 앞에서 자주 머뭇거리다 뒤로 물러났을 것이다.

전에도 말했듯 프리랜서의 커리어는 정해진 게 없어 불안하지만 확정적이지 않아서 더 매력적이다. 잘 안 풀리고 일과 돈이 궁한 구간도 종종 있었지만, 그 구간을 지나면 늘 아름다운 풍경이 펼쳐졌고 누군가가 예기치 못한 도움의 손길도 뻗어 왔다. 막막할지라도 부지런히 걷는 사람에겐 적어도 아무 일도 안 일어나지는 않는다는 게 중요하다. 길이 어디로 나 있는지 모르고 내가 어디를 향해 가는지 몰라도, 계속 나아갈 의욕이 생기는 것은 그 덕분이다.

2025년 여름 앞에서
이윤정

번역가가 되고 싶어
읽고 옮기며 나아가고 있습니다 [개정판]

발행일 | 2025년 7월 15일
펴낸곳 | 동글디자인
발행인 | 현호영
지은이 | 이윤정
편　집 | 황현아
디자인 | 강지연
주　소 | 서울특별시 마포구 월드컵북로 58길 10, 더팬빌딩 9층
팩　스 | 070.8224.4322

ISBN　979-11-91925-30-2

* 출판사의 서면 동의 없이 복제하거나 다른 매체에 옮겨 실을 수 없습니다.
* 잘못 만든 책은 구입한 서점에서 바꿔 드립니다.

> 좋은 아이디어와 제안이 있으시면 출판을 통해 더 많은 사람에게 영향을 미치시길 바랍니다.
> ✉ dongledesign@gmail.com